PIERANGELO MASET

Wörterbuch des technokratischen Unmenschen

RADIUS

Pierangelo Maset, 1954 in Kassel geboren, studierte Kunst/Visuelle Kommunikation, Philosophie, Anglistik und Soziologie in Kassel, Göttingen, Berlin und Hamburg. Seit Ende der siebziger Jahre Ausstellungen, Lesungen und Performances. In den 80er Jahren Schallplattenveröffentlichungen, in den Neunzigern Mitbegründer des *HYDE-Kartells* in Berlin. 1995 Promotion: *Ästhetische Bildung der Differenz. Kunst und Pädagogik im technischen Zeitalter*. Seit 2001 Professor für Kunst und ihre Vermittlung an der Universität Lüneburg, Lehraufträge in Weimar, Linz, Canterbury, Hamburg und Kassel. 2005 erschien sein Roman-Debüt *Klangwesen*, 2007 *Laura oder die Tücken der Kunst*. Pierangelo Maset ist seit 2006 Chefredakteur von DAS PLATEAU. Die Zeitschrift im Radius-Verlag. Zahlreiche Veröffentlichungen in den Gebieten Kunst, Ästhetik, Kunstvermittlung.

Im Radius-Verlag liegt von dem Autor vor:
Geistessterben. Eine Diagnose

ISBN 978-3-87173-949-1

Lektorat: Bill Masuch
Redaktionelle Mitarbeit: Daniela Steinert
Umschlag: André Baumeister
Auf holz- und säurefreiem Werkdruckpapier gedruckt
Gesamtherstellung: CPI – Clausen & Bosse, Leck
Printed in Germany

Vorwort

Von Björn Engholm

Ein göttliches Geschenk sei die Sprache, meinten Christen über Jahrhunderte, denn nur ER sei imstande, so etwas Komplexes wie Sprache, durch die allein die frohe Botschaft in die Herzen der Menschen gelange, zu erschaffen.

Wie sehr die Christen irrten, machte nicht nur Johann Gottlieb Herder klar, der die Sprache aus der göttlichen Sphäre in die der schlichten Menschheit beförderte.

Wie wenig göttlich, wie gar unmenschlich, ganze Kulturen verführend, die Sinne von Menschen benebelnd, ihr Denken und Handeln in verhängnisvolle Bahnen lenkend Sprache sein kann – Belege dafür bietet die Geschichte zu Hauf.

Immer wieder haben kritische Autoren aufgedeckt, wie Sprache als Herrschaftsinstrument zur Lingua inhumana verkommen kann. An Ambrose Bierces »The Devils Dictionary« sei erinnert; ebenso an Victor Klemperers »Lingua tertii imperii«, der die verheerende Wirkung stereotyper Begriffe in der Nazisprache analysierte; und natürlich an Dolf Sternbergers »Wörterbuch des Unmenschen«, in dem die Wirkungen der braunen Machtsprache weit über das Ende des NS-Regimes belegt werden.

Nun hat der Autor und Hochschullehrer Pierangelo Maset, der schon 2010 mit seinem Buch »Geistessterben« eine scharfsinnige Analyse der inzwischen allumfassenden Dominanz eines ökonomischen Nützlichkeitsdenkens vorgelegt hat, erneut zur Feder gegriffen – und den schleichenden Verfall unserer Sprache durch den Einzug ökonomisch-technokratischer Begriffe zum

Thema gemacht. Von »alternativlos« und »Alleinstellungsmerkmal« über »Elite« und »Leitbild«, »Sachzwang« und »Volatilität« … Maset untersucht die Ursprünge der Begriffe und markiert treffsicher und mit normativem Ansatz ihre Zielsetzung im ökonomisch-technologischen Kontext: aus jungfräulichen Wörtern werden Systembegriffe, die den Menschen sukzessive ihre Distanz zu den Verwertungsmechanismen nehmen – und sie im schlimmsten Falle vom bewußten Subjekt zum Systemobjekt machen.

Das »Wörterbuch des technokratischen Unmenschen« ist ein Beitrag zur zeitgenössischen Aufklärung, pointiert, gelegentlich überpointiert geschrieben, ein Buch, an dem geistig zu reiben sich lohnt.

Aufklärung ist, wie wir erinnern, der Versuch der Befreiung aus selbstverschuldeter Unmündigkeit, die dann selbstverschuldet ist, wenn es nicht an Verstand mangelt, sondern am Mute, sich seiner zu bedienen.

Masets WTU ist ein Anstoß, diesem Gedanken der Aufklärung wieder intensiver die Ehre zu geben.

Einführung

Ein weiteres Wörterbuch – gibt es nicht schon viel zu viele? Nun, dieses weist eine Besonderheit auf: Es will auf aktuelle Entwicklungen aufmerksam machen, die dabei sind, wesentliche Elemente unserer Existenz zu verdrängen. Der technokratische Verfall unserer Sprache soll hier anhand ausgewählter Beispiele aufgezeigt werden, in aller Kürze und mit unterschiedlicher Länge.

Wörterbücher sind niemals vollständig, und dieses schon gar nicht. Sie sind Werkzeuge, die versuchen, die Bewegungen der Sprache, ihre unübersichtliche Vielfalt und Verzweigung in einer bestimmten Epoche festzuhalten – ein im Grunde unmögliches Unterfangen. Trotzdem müssen Anstrengungen in dieser Hinsicht immer wieder angegangen werden, zumal in einer Zeit, in der Kulturen sich durch gesellschaftliche und technologische Entwicklungen rasant verändern. Ein Wörterbuch sollte den aktuellen Stand von Sprache erfassen; gleichzeitig sollte es auch helfen, die historische Lage besser zu verstehen.

Das *Wörterbuch des technokratischen Unmenschen* – kurz: *WTU* – setzt sich mit der technokratischen Sprache und der mit ihr zum Ausdruck kommenden Unmenschlichkeit auseinander. Dieses heute etwas pathetisch klingende Wort soll hier ohne Zögern verwendet werden, denn ganz ohne Pathos konnte dieser Text nicht verfasst werden.

»Technokratie« soll hier verstanden werden als eine Form von Herrschaft, die vor allem auf wissenschaftlichem und technologischem Wissen gründet und daraus ihre Legitimität sowie einen Anspruch auf Allgemeingültigkeit ableitet. Im Vordergrund stehen dabei feingliedrige Planungen, die nach zielorientierten Vorgaben effektiv und rational durchgeführt werden. Die Bedeutung demokratischer Willensbildung ist für Technokraten in der Regel weniger wichtig als die jeweiligen Anforderungen der Systeme, die als absolute Werte gesetzt werden. Ethische Fragen werden dabei zurückgestellt. Die Welt der Systeme hat sich in dieser Entwicklung verselbständigt, am Ende verschwindet der Mensch in der »verwalteten Welt«, wie Max Horkheimer es ausdrückte.

In Literatur, Philosophie und Kunst des 20. und 21. Jahrhunderts wehren sich zahllose Werke und Widerreden gegen die sich immer fester schließenden Schlingen der Technokratie. Von den sehr unterschiedlichen philosophischen und soziologischen Technikkritiken von Martin Heidegger, Hannah Arendt, Bertrand Russell bis zu Jean Baudrillard und Paul Virilio und den noch zahlreicheren literarischen Widersachern wie Franz Kafka, Knut Hamsun, Milan Kundera, Ernst Jünger, George Orwell, Doris Lessing, Aldous Huxley, Nicolaus Born und vielen anderen mehr – man denke auch an Andrej Tarkowskijs filmisches Jahrhundertwerk *Stalker* – finden wir eine tiefgehende und leidenschaftliche Auseinandersetzung mit dem Verhältnis des Menschen zur Technik, die vieles von dem vorausgesehen hat, was wir heute »Realität« nennen. Es handelt sich um eine Realität des technologisch gesteuerten Kapitalismus, der alle Ressourcen des Planeten Erde in kürzester Zeit verbraucht und alle Dinge wie alles Lebendige als Verwertbares umdefiniert hat. Mit dieser Umwertung ist ein Sprachgebrauch verbunden, der vom Menschen zum *Unmenschen* führt.

Als »Unmensch« soll hier derjenige bezeichnet werden, der grausam oder hartherzig gegenüber Mensch und Tier – gegen die Schöpfung insgesamt – handelt und deshalb ethisch versagt. Dieses Versagen wird vom Unmenschen jedoch noch als »Stärke« angesehen. Überhaupt ist der Unmensch sehr darauf bedacht, andere aus einer Position der »Stärke« heraus zu behandeln und alles Schwache und jede Schwäche auszulöschen. Der Unmensch zeigt sich vor allem auch in sprachlichen Akten.

Was das vorliegende – im oben skizzierten Sinne »unmögliche« – Buch betrifft, so gibt es große Vorbilder. Ende der 50er Jahre stellten Dolf Sternberger, Gerhard Storz und Wilhelm E. Süskind »Aus dem Wörterbuch des Unmenschen« zusammen. Es basierte auf Artikeln aus der Zeitschrift »Die Wandlung«, die Texte bedeutender Autorinnen und Autoren wie z. B. Hannah Ahrendt und Karl Jaspers veröffentlichte. Die Kritik am »Verderb der Sprache«, der insbesondere am Sprachgebrauch der Nationalsozialisten aufgezeigt wurde, war das erklärte Ziel. Dass sich Anteile dieser Sprache nach dem Zweiten Weltkrieg hielten und sich in der Stimmung der Jahre des Wiederaufbaus verbreiteten, ist den Autoren des Wörterbuchs schmerzhaft deutlich gewesen: »Das Wörterbuch des Unmenschen ist das Wörterbuch der geltenden deutschen Sprache geblieben, der Schrift- wie der Umgangssprache, namentlich wie sie im Munde der Organisatoren, der Werber und Verkäufer, der Funktionäre von Verbänden und Kollektiven aller Art ertönt«, heißt es in der Vorbemerkung zur Ausgabe von 1957, das achtundzwanzig Stichworte enthielt, von »Anliegen« bis »Zeitgeschehen«. Es folgten weitere Auflagen, und die Ausgabe von 1967 enthielt dreiunddreißig Stichworte: »Mädel« war herausgenommen, »Auftrag«, »Härte«,

»Kontakte«, »Menschen« und »Ressentiments« hinzugefügt worden. Es galt nun, den aus der dunklen Nazi-Vergangenheit in die noch unfertige Republik eingesickerten Gestus des Unmenschen zu brandmarken und aufklärerisch entgegenzuwirken. Dieses verdienstvolle, viel zitierte Werk blieb im kulturellen Gedächtnis haften.

Im Jahre 1987 fand das Buch eine Nachfolge, das von Rainer Jogschies herausgegebene »Aus dem neuen Wörterbuch des Unmenschen«, dessen achtunddreißig Autorinnen und Autoren – von Heinz Galinski bis Alexandra Goy, Karin Struck bis Björn Engholm und Rio Reiser bis Iring Fetscher – insgesamt vierzig Stichworte bearbeiteten, bezeichnenderweise von »Angst« bis »Zeitgeist«. Die Entwicklungen der siebziger und achtziger Jahre boten neuen Anlass zur Sprachkritik. Bedrohungsszenarien von planetarischem Ausmaß zu fassen, eine Katastrophen- und Todeskultur, die selbst noch ihren Untergang ins Kommerzielle zu wenden vermochte, erforderte neue Herangehensweisen. Deshalb warf Jogschies durchaus auch einen kritischen Blick auf das erste *Wörterbuch des Unmenschen*: »Sternberger, Stolz und Süskind hatten die faschistische Vergangenheit deutlich vor Augen, aber ihre Sprachkritik beschränkte sich [...] auf das Fortleben von Formulierung. Doch weder die Herrschaftszeit des Nationalsozialismus, in der die Wörter teils ihre Wurzeln hatten, noch die gesellschaftliche Restauration im Nachkriegsdeutschland, in der sie neu erblühten, kritisierten sie gleichermaßen – von einer sprachlichen Zukunftsentwicklung ganz zu schweigen. Doch wo alle, die eines der kritisierten Wörter benutzten, sich des Unmenschseins verdächtigt sahen, traf es auch wieder keinen. Unmenschlichkeit entlarvte sich ja nicht durch Sprache allein, sondern durch die Umstände, von denen die Rede war und über die gleichzeitig nichts gesagt wurde, und durch die Ideologie, die in den Zeiten des Kalten Krieges wieder auflebte« (Jogschies 1987, S. 11). Jogschies' Ansatz rechnete zudem mit einem durch mediale Effekte abgestumpften Bewusstsein, so stellte er die Fragen: »Sind kleine Wahrheiten nur noch mit einem Großen Knall verpackbar? Gibt es Große Wahrheiten nur noch nach dem Großen Letzten Knall?« (a.a.O., S. 8). Trotz der politischen und medialen Übermacht einer schon nicht mehr genau zu fassenden Gegenseite galt es, mittels Sprachkritik Widerstand zu leisten: »*Aus dem neuen Wörterbuch des Unmenschen* ist ein solcher Versuch, eine erste Übersichtlichkeit zu gewinnen, indem gegen den Strom der Geschichtslosigkeit angeschrieben und dem Sog der Perspektivlosigkeit widerstanden wird« (a.a.O., S. 14).

Beide Bücher markierten epochale Veränderungen, und beide sind dem Geist eines aufklärerischen Denkens verpflichtet, das Propaganda und Ideologie argumentativ etwas entgegensetzt.

Die Lage, in der wir uns heute befinden, ist noch weitaus verwickelter. Sie ist vor allem dadurch gekennzeichnet, dass weder die Gegenseite noch das sprachliche Andere präzise zu fassen sind. Denn auch das aufklärerische Bewusstsein kann heute keinesfalls mehr als frei von Herrschaft, Technokratie und Manipulation verstanden werden. Der Standpunkt eines kritischen »Außen« ist somit nicht mehr nahtlos einnehmbar, der privilegierte Platz der Erkenntnis ist vergangen. In unserer Zeit herrscht ein Bewusstsein des Gegenwärtigen, der blitzlichthaft realisierten Aufmerksamkeit. Wirtschaft, Politik und Massenmedien sind eine unheilvolle Allianz eingegangen, die das Vergessen fröhlich, rücksichtslos und gewinnbringend betreiben. Wir befinden uns deshalb in einer Gemengelage, die vom Verschwimmen politischer Positionen und von der Verallgemeinerung des technokratischen Sprachgebrauchs gekennzeichnet ist. Die Sprache der Werber und Manager, der Massenmedien und der politischen Verführung ist zum Allgemeingut geworden. Sie hat auch das kritische Denken besetzt und ausgehöhlt.

Einmal den Verwendungszusammenhängen der Unternehmensberater und ihrer Partner in Politik und Medien ausgesetzt, entleeren sich Werte und Inhalte, und die Sprache wird zur Durchsetzung von Denkgiften verzerrt. Gesellschaftlich umgestaltet wird zuerst mit Worten, und im mittlerweile allgemein verbreiteten *Neusprech* begründen zeitgemäß klingende Begriffe die Worthülsen des Managements und seines Controlling-Wahns. Es handelt sich dabei oftmals um Begriffe, die vor wenigen Jahren oder Jahrzehnten auf berechtigten und inhaltlich gefestigten Forderungen basierten, zum Beispiel: »Kreativität«, »Persönlichkeit«, »Selbstverwirklichung«, »Gemeinschaft«, »Zivilgesellschaft«, »Nachhaltigkeit«, »Humanismus«, »Freiheit« et cetera. All das sind Wörter, die umgewertet und für die Zwecke des technokratischen Unmenschen hergerichtet worden sind, Schlagworte, hinter denen vor allem die weltumspannende Totalität der ökonomischen Doktrin steht. Der Neoliberalismus hat den Menschen auch wesentliche Teile ihrer Sprache und damit ihrer Würde geraubt oder durch *Wortmasken* zur Durchsetzung und Verbreitung des technokratischen Denkens ersetzt. Diese Wörter sollen »wertfrei«, »neutral« oder »freiheitlich« erscheinen, damit das manipulative Marketing, das für Politik und Wirtschaft die entscheidenden Impulse liefert, sie umso effektiver einzusetzen vermag. Dieses Marketing praktiziert seit Jahrzehnten einen am Subjekt und seinen nachvollziehbaren Wünschen zur Selbstverwirklichung orientierten Ansatz. Es hat verstanden, dass das Persönliche, Freiheitliche, Weltoffene der entscheidende Schlüssel zum Konsumenten und damit zum regierbaren Subjekt ist. Seine Methoden dienen der Steuerung und Konditionierung von Konsumenten und Rezipienten. Viele der Begriffe, die hier als *technokratisch* bzw. *unmenschlich* aufgeführt werden, stammen deshalb aus dem Marketing bzw. der Werbung.

Nach George Orwells *1984* ist das Ziel des *Neusprech* die Kontrolle der Bevölkerung. Wörter werden dabei in ihrem Bedeutungsgehalt reduziert und funktionalisiert, und die Sprache verliert jeden herrschaftsfreien, jeden poetischen Gehalt. Im Anhang von *1984,* der den Titel »Die Grundlagen des Neusprech« trägt, formuliert Orwell die Absicht dieser Umwertung: »Es war geplant, dass, wenn Neusprech ein für allemal angenommen und Altsprech vergessen worden war, ein ketzerischer Gedanke [...] buchstäblich undenkbar sein sollte, insoweit wenigstens, als Denken an Worte gebunden ist. [...] Dies erreichte man zum Teil durch die Erfindung neuer, hauptsächlich aber durch die Eliminierung unerwünschter Wörter und indem man die verbleibenden Wörter aller unorthodoxen und soweit wie möglich überhaupt aller Nebenbedeutungen entkleidete. [...] Neusprech sollte den Gedankenspielraum nicht erweitern, sondern *einengen* [...]« (Orwell 2011, S. 371f.). Markant ist in dieser Hinsicht auch die Beschreibung der Inschrift, die das pyramidenförmige »Ministerium für Wahrheit« in Orwells Roman trägt: »KRIEG IST FRIEDEN – FREIHEIT IST SKLAVEREI – UNWISSENHEIT IST STÄRKE« (a.a.O., S. 20).

In unserer Zeit hat eine »coole« erweiterte Anwendung von *Neusprech* stattgefunden: Wörter und ihre Gehalte werden für die Aufwertung der *Marke* oder das Einschleusen von Botschaften in das Bewusstsein der

Empfänger in ihren Bedeutungen verschoben und verzerrt. Emotional aufgeladene Kernbotschaften der Marke sprechen den Menschen persönlich an, sie erwecken den Schein seiner Selbstverwirklichung im Sinne einer aus freien Stücken getroffenen Entscheidung. Marke und Selbstverwirklichung, Subjekt und technokratische Sprache fallen heute deshalb zusammen – in einer Zeit, die insbesondere durch die technisch verwaltete Kontrolle der Massen und entgrenzte Kapital- und Warenströme gekennzeichnet ist.

In seinem berühmt gewordenen *Postskriptum über die Kontrollgesellschaften* hat Gilles Deleuze diese Entwicklung bereits zu Beginn der neunziger Jahre des 20. Jahrhunderts vorausgesehen: »Marketing heißt jetzt das Instrument der sozialen Kontrolle und formt die schamlose Rasse unserer Herren. Die Kontrolle ist kurzfristig und auf schnellen Umsatz gerichtet, aber auch kontinuierlich und unbegrenzt, während die Disziplin von langer Dauer, unendlich und diskontinuierlich war. Der Mensch ist nicht mehr der eingeschlossene, sondern der verschuldete Mensch« (Deleuze 1993, S. 260). Eine weitreichende Erkenntnis, denn gegenwärtig erleben wir das unheilvolle Zusammengehen von gesteigerter Kontrolle und grenzenloser Verschuldung.

Die heutige Kontrollgesellschaft und ihre aus dem Marketing entwickelte Methodik hat die Subjekte nicht nur unterworfen, sondern es darüber hinaus vermocht, ihr vermeintlich Innerstes, Persönlichstes im Sinne des Kontroll- und Marketingbegehrens zu verwenden. Nahezu jeder trägt heute den digitalen Bauchladen seiner Angebote mit sich herum und verwandelt Freundschaftsmodelle in »Sozialen Netzwerken« zu Werbestrategien. Transparenz und Kommunikation sind die Zauberfloskeln in Politik und Wirtschaft, sie dienen dazu, das Regime der Kontrolle zu perfektionieren. Byung-Chul Han hat dies in *Topologie der Gewalt* wie folgt beschrieben: »Der Zwang zur Transparenz ist letzten Endes kein ethischer oder politischer, sondern ein ökonomischer Imperativ. Ausleuchtung ist Ausbeutung, Kommunikation ist Kommerz. Wer ganz ausgeleuchtet ist, ist der Ausbeutung schutzlos ausgeliefert. Die Überbelichtung einer Person maximiert die ökonomische Effizienz. [...] Heute vollzieht sich die Überwachung nicht als *Angriff auf Freiheit.* Vielmehr fallen Freiheit und Kontrolle in eins. [...] Der transparente User ist Opfer und Täter zugleich. Jeder baut fleißig mit am Panoptikum der Netze. Die freie Kommunikation und die panoptische Kontrolle greifen ineinander und werden ununterscheidbar« (Han 2011, S. 134).

Die technokratische Macht verfügt mittlerweile über mediale und technologische Mittel, die George Orwell nur erahnen konnte, und wie in seinem epochalen Werk dargestellt, befindet sich unsere Sprache in der Gefahr, zu einem Instrument der Machtausübung zu verkümmern. Die Entwicklung unseres abendländischen Denkens beinhaltet dagegen eine durchaus organische Logik: Die unterschiedlichen natürlichen Sprachen konnten sich über eine lange Dauer hinweg entwickeln und ihre vielfältigen nationalen und regionalen Besonderheiten ausprägen. Die Vormachtstellung des Englischen seit der Moderne brachte jedoch eine kulturelle Standardisierung mit sich. Zudem schlichen sich nach und nach extreme Abstraktionen in unsere Sprache ein, zum Beispiel mathematische Kodes sowie Kürzel und Begriffe aus der Computerwelt. Das Denken wird transformiert durch den massiven Gebrauch von Rechnern, Smartphones, Tablets etc., es passt sich zunehmend den Erfordernissen von Maschinen an. Man kann dies am »Trainingserfolg«

ermessen, den Kinder erzielen, die viel Zeit am Computer verbringen, nämlich ihre stark erhöhte Reaktionsfähigkeit in der Bedienung der Geräte. Es ist auch daran zu erkennen, wie sehr sich der Sprachgebrauch in den letzten Jahren geändert hat, wie immer mehr Anglizismen in die deutsche Sprache eingewandert sind und auch SMS-Kürzel oder komplizierte Internetadressen Gegenstand der Alltagskommunikation wurden.

Umso notwendiger ist es in diesen Zeiten, in denen sich Herrschaft als nahezu undurchdringlich zeigt, an wichtigen kritischen Werken anzuknüpfen: »Die Sprache ist im gigantischen Produktionsapparat der modernen Gesellschaft zu einem Werkzeug unter anderen reduziert. [...] Bedeutung wird verdrängt durch Funktion oder Effekt in der Welt der Dinge und Ereignisse« (Horkheimer 1967, S. 31).

Sprache, und auch die Möglichkeit der kritischen Äußerung, wird selbst in den heutigen Demokratien reduziert und kanalisiert. Während der Abfassung dieses Buches wurde gerade noch einmal ein Änderungsantrag der Geschäftsordnung des Bundestages vom Tisch genommen, der das Rederecht von Abgeordneten in der Weise zu ändern beabsichtigte, dass nur die von der Fraktion Bestimmten die Rede ergreifen können sollten. Damit wollte man Abweichler – wie zum Beispiel die Kritiker des EU-Rettungsfonds – an ihrer möglichen Gegenrede hindern. Allein die Tatsache, dass Volksvertreterinnen und -vertreter auf eine solche Idee kamen, ist als sehr bedenklich zu bewerten. Der Sachverhalt zeigt, dass wir uns in einer dramatischen Epoche befinden, die z. B. von Colin Crouch als »Postdemokratie« bezeichnet worden ist (vgl. Crouch 2008) und in der Politik und Wirtschaft sowie der Einfluss von Interessengruppen die Oberhand gewonnen haben. Diese

Entwicklung ist deshalb so brisant, weil sie mit zunehmender Tendenz die demokratische Konstitution unserer Gesellschaft zersetzt: »Eine Gruppe mächtiger, politisch überaus bedeutender Unternehmen – die Konzerne der Medienindustrie – trägt direkt zur Verringerung demokratischer Alternativen und zum Verfall der politischen Sprache und Kommunikation bei – zwei wichtige Symptome des besorgniserregenden Gesundheitszustands der Demokratie. [...] Es geht darum, rasch die Aufmerksamkeit des Lesers, Hörers oder Zuschauers zu fesseln, um konkurrierenden Unternehmen die Kundschaft abzujagen. Damit verlagert sich die Priorität in Richtung einer extrem vereinfachenden, sensationsheischenden Berichterstattung, wodurch das Niveau der politischen Diskussion und die Kompetenz der Bürger weiter sinken« (Crouch 2008, S. 63f.).

Wir erleben derzeit eine deutliche Aufweichung der demokratischen Kultur in Richtung von zentralen Steuerungen, von der EU und den nationalen Parlamenten bis zu den Hochschulen und Verwaltungen. Die anhaltende Finanzkrise hat gezeigt, wie schnell sich in der Not ganze Staaten dem Diktat von politisch gesteuerten Finanzinstitutionen beugen müssen. Die nächste totalitäre Herrschaft in unserem Land wird vermutlich weder von links noch von rechts kommen, sondern vielmehr aus der so genannten Mitte der Gesellschaft, aus den Büros der Lobbyisten, der medialen Netzwerke und des politisch-ökonomischen Managertums, wo das Wirtschaften als kriegerisches Prinzip verfolgt wird – als Krieg gegen die Konkurrenten, die Gesellschaft und die Natur – begleitet von sprachlichen Monstrositäten wie »Humankapital«, »Personalfreisetzung« und »Umstrukturierung«.

In der technokratischen Sprache drückt sich ein *Wirtschaftstotalitarismus* aus, die Verallgemeinerung des betriebswirtschaftlichen Denkens, dessen Perspektive auf alle Lebensbereiche übertragen wird. Diese fatale Entwicklung hat das politisch-soziale System in der Tiefe bereits verändert, sie wirkt nun auf alles, vor allem auch auf die als individuell empfundenen Sphären. Das Bewusstsein wird kontaminiert und konditioniert, insofern das ökonomische Nützlichkeitsdenken in allen wichtigen Institutionen vorherrscht. Technokraten in Unternehmen verwenden ähnliche Floskeln wie viele Politiker, Lobbyisten und Administratoren in den Verwaltungen. Sie haben sich mit ihrer Sprache eine eigene Realität geschaffen, die sie bedenkenlos gegen alles andere projizieren. Die hierdurch entstandene »Expertokratie« hebelt unterdessen demokratische Entscheidungsprozesse aus, wie es Harald Welzer in einem Interview mit der *tageszeitung* vom 22.10.2010 (»Die Zukunft wird sehr kleinteilig sein«) erklärt hat: »Eine Kombination aus Verwaltung und Experten, in der unentwegt irgendwelche Strategiepapiere mit mundgerechten Informationen darüber verfasst werden, was aus ihrer Sicht die Politiker wissen müssten. Das politische Gemeinwesen, das sind die Bürgerinnen und Bürger, ist bei diesem Prozess völlig außen vor. Das Verhängnisvolle daran ist, dass auf der technischen Ebene alle parlamentarischen Verkehrsformen eingehalten werden – aber zugleich die Planungsprozesse immanent undemokratisch sind, weil sie nur in der Dualität zwischen Techno- und Politikerpolitik ablaufen. Am Ende heißt es dann: Was wir entschieden haben, war alternativlos. Oder: Der Ausstieg ist zu teuer.«

Viele gesellschaftliche Institutionen sind in den zurückliegenden Jahren durch den Einfluss von Beraterfirmen umgestaltet worden, die ihre Matrix-Konzepte nahezu widerstandslos einführen konnten und dabei gleichzeitig die Macht ihrer global operierenden Netzwerke vermehrt und verfestigt haben: Von den Krankenhäusern bis zu den Schulen und Hochschulen, von den städtischen Verwaltungen und Versorgungsunternehmen bis zu den politischen Parteien und den Massenmedien sind alle von den entsprechenden Companies unter die Lupe genommen und nach ihren Maßgaben umgewandelt worden. Technokratische Sprachregelungen haben hierfür jeweils den Boden bereitet.

Der Neoliberalismus hat es verstanden, seine Prinzipien im Seelenhaushalt der Mehrheit unterzubringen, und zwar auf eine solch geschickte Art und Weise, dass diese Prinzipien nun nahezu als Naturgesetze empfunden werden. Heute fiebern noch die Opfer des Sozialumbaus mit, wenn es um die Worthülsen von der Notwendigkeit des weiteren Wachstums oder um Standortrhetorik geht. Das ist mittlerweile nicht einmal mehr als Gehirnwäsche durch äußere Einflussnahme zu betrachten, sondern stellt bereits eine neue Form dar, die sanfte, gleichzeitig aber brutale Übernahme des Denkens durch Controlling-Vorgaben. Die Folgen sowohl für einzelne Betroffene wie für die Gesellschaft sind so beträchtlich wie unabsehbar. Der Umbau des sozialstaatlich abgefederten Kapitalismus der Nachkriegszeit zum heutigen neoliberalen Modell, das uns gesellschaftlich in vielfacher Hinsicht folgenschwer zurückgeworfen hat, wird von den letztlich propagandistischen Behauptungen herrschender Eliten geleitet, dass die ökonomische Gegenwart und Zukunft nur durch Freihandel, Privatisierung und die Einschränkung von Arbeitnehmerrechten geleistet werden kann. Selbstverständlich soll sich all das auf der Grundlage entfesselter Konkurrenz auf allen Gebieten des Lebens ereignen. Alle haben den Kampf aufgenommen und lernen das stumpfe Credo: *Der Markt soll es richten.* Für diese Ziele wird Sprache mittels eines medialen Dauerfeuers so zugerichtet, dass das Bewusstsein der »User« konditioniert werden kann. Deshalb bereitet kaum noch Schmerzen, was sich hinter schlimmsten Wort-Ungetümen verbirgt: *Restrisiko, Entsorgung, Humanressource* – um nur einige Beispiele aus dem Sprachgebrauch des technokratischen Unmenschen zu nennen.

Der Verfasser dieses Wörterbuchs versteht sich nicht als frei von dem, was er mit der Vorlage dieses Textes kritisch zu betrachten versucht. Auch er befindet sich mitten im Feld sprachlicher Irrungen und Wirrungen, in einer Zone von Verzerrungen und Rettungsversuchen. Doch vielleicht werden seine – sicherlich unvollständigen – Beobachtungen dazu führen, dass mehr Menschen einsteigen, eine längst überfällige Sprachkritik unserer Gegenwart vorzunehmen. Unsere im weitesten Sinne *mentalen* Möglichkeiten sollten wir nicht den Beratern und Verkäufern unserer Zukunft überlassen. Im besten Fall werden die Leserinnen und Leser hier Lücken und Unterlassungen entdecken, die von ihnen selbst gefüllt werden können: Mit weiteren Texten, die gegen das Technokratische und das Unmenschliche gerichtet sind.

Editorische Notiz
Zur Erstellung dieses Buches sind eine Reihe von Nachschlagewerken und Online-Quellen verwendet worden. Diese werden nicht an jeder betreffenden Stelle aufgeführt, deshalb seien sie hier noch einmal ausdrücklich genannt: DUDEN (Etymologie, Synonym, Rechtschreibung) sowie DUDEN Online, WAHRIG Deutsches Wörterbuch, Kindlers Literatur Lexikon, Deutsches Wörterbuch von Jacob und Wilhelm Grimm, Webster's Encyclopedic Unabridged Dictionary of the English Language, dtv-Lexikon, Wikipedia.

Querverweise sind mit »→« gekennzeichnet.

Alleinstellungsmerkmal

Das auf die mittelhochdeutschen Bedeutungen *Befleckung*, *Zeitpunkt* und *Zeichen* zurückgehende *Mal* bedeutet eine durch Einwirkungen verursachte Markierung. Im heutigen Sprachgebrauch wird »Mal« vor allem in einem zeitlichen Sinn – z. B. als Wiederholung einer Situation – verwendet. Das *Malen* wird im Altisländischen auf den Wortstamm *mel* zurückgeführt, was *verschmieren*, *verputzen*, *tünchen* und *färben* beinhaltet und bereits auf Prozesse der Herstellung von Produkten hinweist, die ein zielgerichtetes *Einfärben, Anmalen* oder *Verputzen* erfordern.

Das *Alleinstellungsmerkmal* ist eine herbeigeführte Markierung, die einen Standort bestimmt und dem markierten Gegenstand einen herausgehobenen Platz zuweist. Anhand des Alleinstellungsmerkmals nimmt eine Ware, Dienstleistung oder eine Person einen Posten innerhalb eines konkurrierenden Angebots ein. Der englische Ausdruck *Unique Selling Proposition*, kurz *USP*, wurde 1940 von dem Werbepionier *Rosser Reeves* in die Marketingtheorie als einzigartiges »Verkaufsversprechen« eingeführt. Ein unverwechselbarer Nutzen soll mit dem Produkt verbunden werden, das es deutlich von den Produkten anderer Wettbewerber abhebt. Im → Marketing wird es deshalb als das herausragende Leistungsmerkmal bezeichnet, mit dem sich ein Angebot im Markt zu behaupten vermag. Amerikanische Marketing-Vertreter haben den Begriff später mit dem der *Positionierung* verbunden bzw. erweitert. Dass solche Begriffe heutzutage gern auch in der Politik Verwendung finden, ist ein Anzeichen dafür, wie sehr es der technokratische Unmensch verstanden hat, das Marketing für seine Zwecke einzusetzen und mit ihm die entscheidende psychologische Technologie zu finden, mit der das Bewusstsein der Adressaten bzw. Konsumenten beeinflusst werden kann. Denn im Grunde dient das *Alleinstellungsmerkmal* dazu, zu suggerieren, eine Sache sei von sich aus einzigartig, wo es tatsächlich doch so ist, dass die meisten Produkte erst durch das geschickte und manipulative Marketing als einzigartig erscheinen. Eine Sache wird aus ihrem Kontext gelöst und mit der Anrede des *Alleinstellungsmerkmals* versehen.

alternativlos

Das Wort *Alternative* wurde im 17. Jahrhundert aus dem Französischen *alterne* (lat. alternus) *abwechselnd, wechselweise* entlehnt. Das Adjektiv *alternativ* für *zwischen zwei oder mehreren Möglichkeiten wählend* verbreitete sich erst in der zweiten Hälfte des 20. Jahrhunderts für die Bezeichnung einer anderen – als menschen- und umweltfreundlicher angesehenen – Lebensweise. Das lateinische *alter* – einer von zweien, der andere – impliziert eine Entscheidung zwischen unterschiedlichen Möglichkeiten. Mit dem hässlich komponierten Adjektiv »alternativlos« wird die Möglichkeit der Entscheidung für das Andere oder die weiteren bestehenden Möglichkeiten hingegen schlichtweg negiert. Damit wird behauptet, dass es nur eine Entscheidungsrichtung gibt, und selbstverständlich soll das die sein, die der Sprecher des Wortes »alternativlos« vorgibt. Es handelt sich folglich um einen Sprechakt der Machtausübung.

Überall, wo Vorgesetzte aller Couleur nicht mehr weiter diskutieren möchten, wird dieses kleine, doch im Kern schreckliche Adjektiv eingesetzt. Es ist folglich ein politisches Schlagwort und Bestandteil der Alltagsprosa des technokratischen Unmenschen. Die *Gesellschaft für Deutsche Sprache* wählte es im Jahre 2010 aufmerksam zum *Unwort des Jahres*. In der Begründung der Jury für ihre Wahl heißt es: »Das Wort suggeriert sachlich unangemessen, dass es bei einem Entscheidungsprozess von vornherein keine Alternativen und damit auch keine Notwendigkeit der Diskussion und Argumentation gebe. Behauptungen dieser Art sind 2010 zu oft aufgestellt worden, sie drohen, die Politikverdrossenheit in der Bevölkerung zu verstärken.« Im englischen Sprachraum wird das Akronym *TINA* (*There is no Alternative*) sinngemäß verwendet, dort ist es zum Schlagwort durch die Politik Margaret Thatchers geworden. In der TINA-Formel zeigt sich die politische Gewalt des technokratischen Zeitgeistes. Von der Frage nach der Legitimation für Handlungen wird zur Frage nach dem Nutzen von Handlungen für das regierende System übergegangen. Als neoliberales Totschlagargument gibt es keine Alternative, wenn die bekannten → »Sachzwänge« auftreten. Diese werden häufig genau dafür produziert, dass demokratische oder auch parlamentarische Entscheidungsprozesse ausgeschaltet werden. Im Grunde stellt die Ausblendung von Alternativen eine strategische Kriegsführung mit formal friedlichen Mitteln gegen das Politische dar, im Sinne von diskursiven Aushandlungen, bei denen unterschiedliche Positionen eingebracht werden. Denn was geschieht, wenn es Alternativen gibt, diese aber nicht beachtet werden? Wir sollten deshalb ein deutliches *TIAAA* ausrufen (*THERE IS ALWAYS AN ALTERNATIVE*)!

Anschlussfähigkeit

Das alt- bzw. mittelhochdeutsche *an*[e] findet als Präposition bzw. Adverb Verwendung im Sinne von »an etwas hin oder entlang«, es kommt in vielen aus dem Griechischen entlehnten Wörtern vor. *Schluss* wird etwa seit dem 17. Jahrhundert gebraucht, mit den Bedeutungen *Folgerung*, *Ergebnis logischen Denkens*. Fähigkeit beinhaltet das *Befähigtsein*, das *Vermögen*, die *Begabung* und auch die *Fassungskraft* bzw. den *Inhalt*. Das Adjektiv »fähig« wird seit dem 15. Jahrhundert in der Bedeutung von *imstande, etwas zu empfangen oder aufzunehmen* verwendet. Heute ist es vor allem in Zusammensetzungen vorhanden (z. B. aufnahmefähig, rechtsfähig). Als alleinstehendes Adjektiv kommt es vor im Sinne von *imstande, veranlagt, begabt* oder *tüchtig*.

Die Verwendung des Begriffes *Anschlussfähigkeit* trägt heutzutage nahezu inflationäre Züge. Von den Verwaltungen aller Art bis zu hin zu Parteien und Medienkonzernen hat der Begriff große Beliebtheit beim technokratischen Unmenschen und seiner Gefolgschaft erlangt. Sozialwissenschaftlich ist er vor allem in der Systemtheorie Niklas Luhmanns von zentraler Bedeutung, einer Theorie, die stark technokratische Züge trägt, weil weder der Mensch noch das »Subjekt« in ihr eine tragende Rolle spielen, sondern die muntere Dynamik der Selbsterzeugung (»Autopoiesis«) der Systeme. Anschlussfähigkeit ist dafür die Voraussetzung, ohne Anschlussfähigkeit kann ein System sich nicht erhalten: »Anschlussfähigkeit heißt nicht nur: dass die Kommunikation, also die Autopoiesis des Systems weitergeht, denn das kann auch durch Kommunikation über Unwahrheiten geschehen. Sie besagt zusätzlich: dass von einer Feststellung aus sehr viele andere zugänglich sind und dass Reformulierungen des Wissens (›Erklärungen‹) bevorzugt werden, die den Bereich des möglichen Anschlusswissens vergrößern und daraufhin einschränken« (Luhmann 1992, S. 200f.).

Nicht nur in der heutigen Wirtschaftstheorie gilt als *anschlussfähig*, was von anderen Mitgliedern einer Kommunikationsgemeinschaft als möglich bzw. als sinnvoll angenommen werden kann. Der Begriff ist deshalb zentral für die Mediengesellschaft heutiger Ausprägung: »Die Massenmedien geben ein Prinzip vor, indem sie sich an Anschlussfähigkeit orientieren. Sie generieren gewöhnlich eine Sequenz erwartbar unerwarteter Beiträge und entwickeln dadurch Themen« (Schulz 2001, S. 211).

Wenn Anschlussfähigkeit nicht gegeben ist, entgleitet die öffentliche Kommunikation über einen Gegenstand, deshalb wird mit der Gestaltung anschlussfähiger Kommunikation ein bestimmtes Kommunikationssystem aufrechterhalten. Insbesondere im Internet-Zeitalter der Online-Kommunikation müssen ununterbrochene Anschlüsse hergestellt werden, um die Nutzer vor dem Bildschirm zu halten. Es geht dabei um mediale Aufmerksamkeit, um Einsatz und Verbrauch der Lebenszeit der Nutzer, die nur dann aufgewandt wird, wenn es entsprechende kommunikative Anschlüsse gibt. In Foren oder Blogs werden Kommunikationssysteme durch Anschlussfähigkeit erhalten und vertrieben, siehe → Cloud-Computing oder Soziale → Netzwerke. In der totalen Vernetzung ist alles anschlussfähig, gleichzeitig verwirklichen wir mit ihr eine der → Visionen des *Großen Bruders*: Die totale Kontrolle.

Apps

Ein Begriff aus der Computertechnologie, der in die Alltagssprache eingewandert ist. Es handelt sich um die Kurzform für »Anwendungssoftware«, *Anwendung* oder *App* (engl.: *Application)*.

Das Verb *anwenden* ist von *wenden* bzw. *winden* abgeleitet, althochdeutsch lautete es *anawenden*. Im Sprachgebrauch der Informatik wird unter *App* ein Programm verstanden, das für den korrekten Ablauf einer Rechenanlage erforderlich ist oder den Programmablauf bzw. die Programmentwicklung unterstützt. Heute ist *Apps* vor allem die Kurzform für beliebig zu wählende Programme für Smartphones und Tablet-Computer. Vor allem in der geschlossenen Welt der Apple-Computer, die einen quasi-religiösen Status erlangt haben, spielen *Apps* eine relevante Rolle, weil sie Arbeit und Spiel miteinander verschmelzen. Dabei stört die User auch wenig, dass es viele dieser Programme für PCs schon lange gibt und sie nun auf mobileren Geräte erneut teuer verkauft werden. Außerdem können sich *Apps* verselbständigen und beispielsweise auf andere Programme und Bilder zugreifen. Innerhalb der Netzgemeinde gibt es eine lebhafte Debatte hierüber: »Nachdem bekannt wurde, dass Path heimlich auf die iPhone-Adressbücher seiner Nutzer zugreift, geraten auch die Praktiken anderer Apps in die Kritik.« (Quelle: http://netzwertig.com/2012/02/09/nach-dem-path-fehltritt-das-merkwurdige-verhalten-vernetzungswilliger-iphone-apps-zur-wachstumszeit/). Solch nützliche Kontrollmöglichkeiten als Nebeneffekt erfreuen den technokratischen Unmenschen.

Apps dienen und sind nützlich, zum Beispiel für Wetterinformationen, Chatprogramme, Navigation, Password-Management, Schrittmesser, Speicherung von Gesundheitsdaten et cetera. Wie konnten wir nur jemals ohne sie existieren?

Arrangement

Anordnung, Zusammenstellung; *Einrichtung eines Musikstücks*, *Instrumentierung* (18./19. Jhd., frz. *Arrangement*). Etwas *arrangieren,* Vereinbarungen treffen; Anordnungen vornehmen, etwas in Szene setzen, perfekt aufeinander abstimmen; sich mit etwas arrangieren, sich mit einer Situation abfinden, sich dieser anpassen. Das Wort wird auch im Sinne von *gemacht* oder *konstruiert* verwendet – als Gegenteil zu »authentisch«, z. B. eine *arrangierte* Hochzeit.

Das zeitgenössische *Ich* passt sich allmählich und selbständig den Gegebenheiten an, es *arrangiert* sich mit den verlangten Situationen der flexiblen Welt, ihren technologischen Innovationen und administrativen Notwendigkeiten. Der in dieser Weise sozialisierte Mensch will mit den Umständen konform sein und nutzt die Chancen und Risiken der Gesellschaft: *Lebenslanges Lernen, Selbstmanagement*, *Selbstkontrolle*. Der heutige *Projektmensch arrangiert* sein Leben und seine Umwelt aktiv, immer bedacht darauf, alles zu perfektionieren und zu optimieren. Unkontrollierbare Zeit und unkontrollierbarer Raum werden nach und nach abgeschafft, alles wird »gestaltet«, von den Innenräumen bis zu den zukünftigen Ereignissen. Nichts soll mehr dem Zufall überlassen werden, vielmehr soll dieser selbst zum Teil des Arrangements werden. Entgegen der hierarchisierten, langjährigen Anstellung stellt in der projektbasierten Arbeit das → *Netzwerk* den Bezugspunkt und den

Garanten für *employability* dar. Zu »netzwerken« bedeutet, sich kontinuierlich mit anderen Menschen zu arrangieren. Teamarbeit ist deshalb eine der präferierten Arbeitsstile im neuen Kapitalismus (Vgl. Boltanski/Chiapello 2003, S. 112). In einer solchen Arbeitsumgebung sind alle ständig darauf angewiesen, ununterbrochen die Selbst- und Fremdkontrolle miteinander abzugleichen und auf die jeweiligen Signale der Akteure zu achten. Der technokratische Unmensch mag das als Fortschritt und Humanisierung feiern, es kann dennoch nicht darüber hinwegtäuschen, dass hier eine besonders wirksame Technik der Macht am Werke ist.

Attraktivität

Im Sinne von *Attraktion* als *zugkräftige Darbietung, Glanznummer, Anziehung* oder *Anziehungskraft* ist das Wort seit dem 19. Jahrhundert bezeugt, vermutlich aus der Sprache des Zirkuswesens abgeleitet. Das seit dem 16. Jahrhundert verbreitete Adjektiv *attraktiv* ist vom lateinischen *attractivus* abgeleitet (anziehend, hübsch, elegant). Seit dem frühen 19. Jahrhundert wird das Adjektiv unter Einfluss des Englischen *attractive* und des Französischen *attractif* in der heutigen Bedeutung verwendet.

Mit der *Attraktivität* hängt das ästhetische Werturteil über einen Gegenstand oder einen Menschen zusammen. Nach David Hume beinhalten Stolz, Attraktivität und Schönheit ein Vergnügen am zugehörigen Objekt. Dabei zielt die Beschäftigung mit Attraktivität auf die Vorstellung einer Wirkung auf die jeweils anderen ab, die sich ein Urteil beispielsweise über eine *attraktive* Person bilden.

Dabei kann philosophisch noch die Unterscheidung zwischen »Attraktivität« und »Attraktion« getroffen werden, um *Attraktivität* nicht nur im Sinne eines sexuell bedingten Reizes zu verstehen (vgl. Hunger 2010, S. 83).

In der Wirtschaftswissenschaft hingegen geht es um *Marken-* bzw. *Produktattraktivität*, um die Anziehungskraft von Wirtschaftsgütern. Auch hier wird im Grunde ein ästhetisches Werturteil des Konsumenten vorausgesetzt, auf das ökonomisch reagiert wird, zum Beispiel mit Verbesserungen von Produkten und Dienstleistungen (→ Innovationen) oder auch durch die suggestive äußere und innere Anpassung von Menschen an *Attraktivitätsmerkmalen* in der Mode- und Kosmetikindustrie. Hierdurch können Kaufentscheidungen gesteuert (vgl. Weise, 2008, S. 113) und gleichzeitig gesellschaftlich gültige Modelle von Attraktivität etabliert werden, die dann wiederum kommerziell verwertbar sind. Eine → *Optimierung* der persönlichen Attraktivität kann stets durch Konsumgüter und oder andere Dienstleistungen – zum Beispiel ästhetische Operationen – erfolgen. Letztere haben gerade unter den Bedingungen der spätkapitalistischen Wirtschaft großen Zulauf erhalten, zumal auch der Erfolg im Job von Attraktivitätsmerkmalen abhängig zu sein scheint. Dies ist eine lebenspraktische Auswirkung der Biopolitik. Es gibt Studien, die nachzuweisen versuchen, dass Attraktivitätsmerkmale kulturübergreifend wirksam sind. Solche Argumentationen sind jedoch angreifbar, da es extreme Varianten von Schönheitsvorstellungen in unterschiedlichen Kulturen gibt. Selbst wenn man die westliche Kultur für sich betrachtet, fällt auf, wie sehr sich Körpermodelle verändert haben, man betrachte nur die üppigen nackten Körper in barocken Gemälden und vergleiche sie mit den heutigen Werbe-

Ikonen oder halte sich vor Augen, dass Autoren wie Charles Baudelaire oder Edgar Allen Poe, die die künstlerische Moderne mit eingeleitet haben, ihren Schönheitsbegriff gegen jedes klassische Ideal entwickelten: »Das Schöne ist immer bizarr« (Baudelaire 1990, S. 142). Der technokratische Unmensch hingegen möchte vereinheitlichen und benötigt standardisierbare Formen und Körper, damit sich hiernach eine entsprechende Produktpalette »ausrichten« lässt. Hierfür werden ästhetische Prototypen konstruiert und inszeniert, um *Attraktivität* zu normieren und Anziehungskraft nach Belieben und im Hinblick von Nutzenfaktoren herzustellen. Aufgrund der Abhängigkeit der eigenen *Attraktivität* vom Werturteil anderer Menschen besteht stets große Unsicherheit, eine Unsicherheit, die sich wirtschaftlich bestens verwerten lässt, insbesondere durch Selbst-Techniken wie Coachings, Sport, Verhaltensmodifikationen oder die Schönheitschirurgie.

Audit

Ein Wort, das die sanfteste Gehirnwäsche beschreibt, seit es Qualitätsmanagement gibt. Aus dem Lateinischen stammend (*audire, hören;* auch *Anhörung*), werden hierunter Verfahren bezeichnet, die die Erfüllung der Anforderungen und Richtlinien in vor allem betrieblichen Prozessen untersuchen. Das heutige Management arbeitet nicht nur mit *Audits* von Mitarbeitern, sondern auch die Leitungen von Organisationen und Institutionen werden durch Audits wieder in Form oder überhaupt erst auf den Weg gebracht. Im Kern handelt es sich dabei um eine Psychotechnik, die insbesondere das amerikanische Management weltweit verbreitet hat. Zu dumm, dass ausgerechnet die zumindest in Europa höchst umstrittene Sekte *Scientology* das *Auditing* als hauptsächliches Verfahren zur Erkenntnisgewinnung über und für ihre Anhänger und Mitarbeiter einsetzt, und das seit Jahrzehnten. Im »Buch 1« (*DIANETIK*) entfaltet L. Ron Hubbard (vgl. Hubbard 1990) seine Methode, die schädlichen mentalen *Engramme* zu löschen, und der Name hierfür lautet *Auditing*. Es handelt sich um eine von Hubbard entwickelte Fragetechnik, eine Mischung aus Verhör und Beichte, die Schuldbekenntnisse einfordert und zur »geistigen Befreiung« bzw. »geistigen Gesundheit« führen soll. Die *Auditingsitzungen* sind eine der zentralen Psychotechniken von Scientology, dass sie heute – sicherlich in abgewandelter Form – im Mainstream-Programm unserer Führungseliten angewandt werden, sollte Anlass genug sein, das *Audit* einer kritischen Prüfung zu unterziehen. Stattdessen bietet z. B. die *Hochschule Pforzheim* einen Master-Studiengang *Auditing und Taxation* an. In Hubbards Text findet sich am Schluss des Auditor-Kapitels ein höchst aufschlussreicher Satz: »Die Aufgabe des Auditors erinnert sehr an die eines Schäfers, der die Lämmer – die Engramme – zum Schlachten in die Hürde treibt« (a.a.O., S. 226).

Aufstellung

Aufstellen, stellen ist ein mittelhochdeutsches Verb, das vom altgermanischen Substantiv *Stall* abgeleitet wurde. Es bedeutet »an einen Standort bringen«. Für Kapitalgesellschaften besteht die *Aufstellungspflicht* von Jahresabschluss und Lagebericht (§ 264 HGB): »Die gesetzlichen Vertreter einer Kapitalgesellschaft haben den Jahresabschluss (§ 242) um einen Anhang zu erweitern, der mit der Bilanz und der Gewinn- und Verlustrechnung eine Einheit bildet, sowie einen Lagebericht aufzustellen.«

Aufstellung wird überall dort verwendet, wo der technokratische Unmensch Dingen und Lebewesen eine Position zuweist, wo Dinge und Lebewesen formiert und Wirklichkeiten abgebildet werden. Dabei geht es wesentlich um Abstraktionen. Komplexität wird reduziert und Bezüge – auch zwischenmenschliche – werden als wiederholbare Muster betrachtet, die verallgemeinert werden können.

Im → Consulting, aber auch in der Therapie werden Aufstellungen systemisch angewendet, siehe die Familienaufstellungen nach Bert Hellinger. Zentral ist hierbei die Beobachtung von Kommunikation, die die Verbindung der einzelnen Teile eines »Systems«, beispielsweise einer Familie, betrachtet und mit räumlich klar definierten Einheiten belegt, die dann in Beziehung gesetzt werden. Seit Mitte der neunziger Jahre ist die therapeutische Aufstellungsarbeit als Beratungsmethode in Organisationen und Unternehmen eingeführt und vorangetrieben worden. Seitdem ist eine starke Ausweitung dieser Psychotechniken sowohl im deutschsprachigen Raum als auch weltweit zu beobachten, in der Personal- und Organisationsentwicklung, im Coaching der Strategieentwicklung und im → Marketing (vgl. Weber 2001 sowie Rosselet/Senoner 2010).

Die Übertragung von Grundprinzipien des Systemverständnisses »Familie« auf andere Systeme – Organisationen, Wertesysteme, Drehbücher – führt zu einem Therapie- und Beratungsverständnis der radikalen Hinwendung zu Lösungen, zu Zukunfts- und Ressourcenorientierung sowie zu »konstruktiven« Handlungen. Im neuen – prozessorientierten und technokratischen – Kapitalismus ersetzen das → Netzwerk und das Unternehmen die Familie. Passend dazu werden weiche therapeutische Faktoren aus der Familienarbeit ins Management von Organisationen und Unternehmen übertragen. Mechanistische Management-Praktiken sollen hierbei vermenschlicht und zeitgemäß erneuert werden. Dies hat jedoch keinesfalls mehr Freiheitsmomente für die Lohnabhängigen zur Folge, im Gegenteil, es wird noch das Letzte aus ihnen herausgeholt, indem Unternehmen in nie dagewesenem Maße auf die Psyche zugreifen. Der Einzelne sieht sich nun in einer ununterbrochenen Therapie- und Optimierungsschleife, in der selbst der Burn-out dazugehört, weil er nachweist, wie sehr sich der oder die Ausgebrannte für den Betrieb an beiden Seiten der Kerze abgefackelt hat.

In der Alltagssprache des technokratischen Unmenschen wird sehr häufig von *Aufstellung* gesprochen, jeder soll sich jederzeit aufstellen lassen oder aufgestellt werden, überall und ohne Unterlass. Das hat auch einen militärischen Unterton, man kann an das Aufstellen von Gefechtsformationen oder auch an die Aufstellung von Delinquenten an der Wand denken. Überhaupt merkt man dem neoliberalen *Neusprech* an, dass viele, die ihn pflegen, wohl zu weit von den Kriegserfahrungen entfernt sind, um sie noch erschütternd ernst zu nehmen. Aber weil jeder Krieg im Kopf beginnt, handelt es sich hier um ein gefährliches Wort, angesichts dessen verbreiteter Verwendung stellt Wiglaf Droste die Frage: »Halma oder Kanonenfutter?«: »Erwachsenen Menschen nichts anzubieten als ein notorisches ›Wir sind gut aufgestellt‹, ist, sehr freundlich gesagt, der Versuch, andere auf den Arm zu nehmen, der mit Auslachen geahndet werden kann, mit Auspfeifen oder mit sehr heftigem In-den-Arm-Nehmen, je nach Notwendigkeit, Temperament und Langmut« (Droste 2012, S. 58).

Benchmarking

Das aus dem Englischen entlehnte, mittlerweile nahezu eingedeutschte Wort, das auch der DUDEN (24. Ausgabe) zu führen bereit ist, hat seine Entsprechung im *Maßstab,* das seit dem 15. Jahrhundert in der Bedeutung von *Messlatte oder Richtgröße* in Gebrauch ist. Beim heutigen *Benchmarking* geht es darum, → Leistungen miteinander zu vergleichen.

Der Begriff wurde in der Geographie und im Vermessungswesen verwendet, um örtliche Positionen anhand klar erkennbarer Objekte, die als Referenzpunkte dienen können, zu vergleichen. In Großbritannien sind noch heute solche Messpunkte mit einem Messingschild mit den Buchstaben OSBM (*Ordnance Survey Bench Mark* = Markierung der Amtlichen Landesvermessung) gekennzeichnet. Heute wird der Begriff vor allem in ökonomischen Zusammenhängen – also nahezu überall – verwendet: »Unter dem Stichwort Benchmarking wird die Suche und Anpassung der besten Praktiken durch Vergleich und Lernen von anderen Organisationen verstanden, um als ›Best Practices‹, sprich als Instrument der → Optimierung von Systemen, zu dienen. Benchmarking ist ein kontinuierlicher Prozess des Vergleichens, der in erster Linie dazu dient, Unternehmen gegenüber ihren Mitbewerbern besser aufzustellen. Dazu wird die eigene → Leistung mit denen der stärksten Mitbewerber verglichen« (Ruppertz-Rausch 2010, S. 23). Es handelt sich also um eine Managementmethode, die auf der Illusion der Messbarkeit von Qualität basiert und häufig die Ergebnisse herausbekommt, die sie ohnehin zu bestätigen vorhatte: »Hinter der schönen Fassade der angeblich objektiven → Kennzahlen einer Balanced Scorecard oder eines Benchmarking verbirgt sich in Zahlen gegossene Irrelevanz« (Binswanger 2010, S. 74f.). Für den technokratischen Unmenschen hingegen ist das *Benchmarking* ein wunderbares Instrument zur → Optimierung der von ihm erstrebten Herrschaftsform.

Beratung / Consulting

Seit althochdeutscher Zeit ist *Rat* als *Beratung, beratende Versammlung* (Familienrat, Stadtrat) üblich. Das aus dem Mittelhochdeutschen stammende Wort wurde ursprünglich unter der Bedeutung von *Mittel, die zum Lebensunterhalt notwendig sind, Vorrat, Unrat, Gerät* und später auch im Sinne von *Beschaffung, Abhilfe, Fürsorge* verwendet. Es steckt auch in *Heirat* und erstreckt sich bis zu *gut gemeinter Vorschlag, Unterweisung, Empfehlung*. Im 15. Jahrhundert kommen *Ratschlag* sowie *Beratung*, und *Beschluss* auf.

Beratung existiert bereits seit der Kaiserzeit (vgl. Nußbeck 2006, S. 13). Die *Beratung* als professionelles Phänomen ist hingegen bedeutend jünger. Vor allem seit dem Psychoboom in den 60er Jahren des zwanzigsten Jahrhunderts ist der rasante Aufschwung des *Consultings* zu beobachten. Dies ist einer Psychologie geschuldet, der es vor allem um Lebensbewältigung geht. Hier entstanden neue Therapieformen, Anwendungsfelder und Berufe.

Aktuelle Entwicklungen gehen dahin, dass die therapeutische Sprache und die therapeutischen Praktiken in eine steuernde – »kybernetische« – Therapeutik münden, womit sie wiederum für das (Selbst-)Management anschlussfähig wird. Begriffe wie *Selbstreflexion* und → *Feedback* verdeutlichen dies, hier steuert sich der technokratische Unmensch in modernen Beratungsformen aus freien Stücken selbst: »Formen der Kontrolle und Messung von Leistungen geben dem Individuum ›Feedback‹ über das Gelingen oder Scheitern der selbst angestrebten oder von Organisationen eingeforderten Ziele. Die Verallgemeinerung des ›Feedbacks‹ als Metapher impliziert, dass eine große Anzahl von Mitteilungen nicht als Kritik, als Lob, als Gemeinheit, als Drohung etc., sondern eben als Feedback, d. h. als Information über das eigene Handeln verstanden werden [soll]« (Traue 2010, S. 285).

Beratung ist eigentlich paradox, weil eine Person autonom sein muss, um sie zu wählen und sich durch sie verändern zu können. Durch *Beratung* wird die Person aber in einer Schwebe gehalten, da sie dauerhaft für Veränderung offen bleiben muss, da die *Beratung* ansonsten gegenstandslos wäre. Wenn sich eine Person aber für die Beratung entscheidet, dann muss sie auf Selbstbestimmung verzichten, die gleichzeitig aber der Ausgangspunkt jeder Beratung ist. Diese Paradoxie lässt sich nahtlos auch auf die Beratungen von Firmen, Organisationen und Institutionen übertragen.

Als berufsbezogene Beratungsmethode hat sich das *Coaching* überall durchgesetzt (vgl. Richter 2009). Lehrende an Schulen und → Universitäten werden zu *Coaches*, die ihre Klienten individuell betreuen und für die anstehenden Aufgaben fit machen.

Unternehmensberatungen haben mittlerweile einen immensen Einfluss auf gesellschaftliche Entwicklungen. Ihr Geltungsbereich ist so ausgeweitet, dass sie inzwischen alle Arten von Organisationen und Regierungen beraten, was gleichbedeutend damit ist, dass ihre Methoden sich in alle gesellschaftlichen Bereiche eingeschlichen haben. Das Wachstum der Consultingbranche seit den neunziger Jahren ist gleichbedeutend mit der

Ausweitung technokratischer Herrschaft, unterstützt wird diese Entwicklung von technologischen → Innovationen.

Die weltgrößte Beratungsfirma McKinsey, bereits 1926 in Chicago gegründet, ist in Deutschland seit 1964 aktiv. Mit der immer gleichen, an Ängste appellierenden *Story*, die Unsicherheiten, die durch »Wettbewerb« und »Innovationszwang« entstehen, haben sie den Umbau der Gesellschaft mitbewirkt und sehr viel Geld aus Behörden und Unternehmen herausgezogen, die nicht selten nach einer entsprechenden »Beratung« am Boden liegen. Längst warnen Wirtschaftsautoren vor einer *McKinseyfizierung* der Wirtschaft: »Das Unternehmen McKinsey mit einer Krake zu vergleichen, wie zuweilen zu lesen, ist hingegen die falsche Metapher. Das Bild der Krake ist viel zu plump und grob gestrickt, um als Vergleich dienen zu können. Wenn man bei einem Vergleich aus der Fauna bleiben will, dann ist die Meduse zutreffender, die mit ihren filigranen, weit reichenden Tentakeln ihr Beutetier nahezu zärtlich umschlingt und es mit ihrem Gift lähmt. [...] Wie ist es möglich, dass in der deutschen Industrie, die doch von vernünftigen, klar denkenden Menschen geführt wird, sich ein System etablieren kann, das davon lebt, eine Scheinwelt zu errichten, intelligente Manager und Wirtschaftsführer in diese Welt hineinzulocken und sie auf leicht durchschaubare Täuschungsmanöver hereinfallen zu lassen? Die Antwort lautet: Mit den Maßstäben der Normalität und Rationalität ist das Phänomen McKinsey nicht zu erklären. Es gehört in den Bereich der Pathologie und der Apperzeptionsverweigerung und ist am besten mit medizinischen Termini zu beschreiben. Die systematische Unterwanderung der Unternehmen und staatlichen wie halbstaatlichen Institutionen hat den Charakter einer epidemischen Krankheit« (Lengert 2010). Was von Beraterfirmen à la McKinsey & Co. entwickelt wurde, sind im Grunde manipulative Psychotechniken, die die Aufmerksamkeit und das Denken mit einer bestimmten Matrix besetzen. Der Zweck – die Durchsetzung firmenkonformer → Projekte und die → »Implementierung« firmenkonformen Denkens – heiligt jedes Mittel. Und das betrifft immer auch die äußere Hülle der Institutionen, die entsprechend mittels → Corporate Design umgebaut werden – Symbolpolitik ist ein Kennzeichen dieser Prozesse. Ergebnis ist das, was wir heute überall in Institutionen beobachten können: Output- und → Kompetenzorientierung, totale Messbarkeit und ausgreifendes Kontrollbegehren. Besonders erschreckend ist, dass das Gebaren von Consulting-Firmen wie McKinsey in einigen Aspekten Ähnlichkeiten zu Psychosekten aufweist: Totale Transparenz im Inneren bei völliger Abschottung nach außen, → Audits, Elitedenken, → Visionen und Heilsversprechen. Die Journalistin Julia Friedrichs berichtete von einer verdeckten McKinsey-Ermittlung, dass der ihr Vorgesetzte folgende Auffassung vertrat: »Ein wahrer Führer müsse in der Lage sein, für seine Gefolgschaft die Realität zu definieren« (Friedrichs in Leif 2008, S. 130).

Beschulung

Im Altgriechischen bedeutet *scholé* eigentlich das *Innehalten* bei der Arbeit, im Lateinischen meint *schola Schule, Vortrag, Muße* oder auch *Vorlesung*.

Das Wort *Beschulung* taucht auf, wo die Unterbringung sowie das Schulen von Kindern institutionalisiert ist. Beschulung ist dann die Art und Weise, wo und wie Kinder und Jugendliche unterrichtet werden. Dafür gibt es unterschiedliche Schulformen (Förderschule,

Sonderpädagogik, Realschule etc.) und somit die Zuordnung von Menschen anhand bestimmter Kriterien. Deren Kern ist eindeutig die *Leistungsfähigkeit*, sie stellt die Bedingung dafür dar, über gesellschaftliche Möglichkeiten der Beschulung nachzudenken und zu verhandeln. Die *Beschulung* ist damit Ausdruck sozialer Selektion in einer nach → Leistung und Nutzen differenzierten Gesellschaft.

Zum Problem werden verschiedene Schulformen dann, wenn es einen »höheren« Wertmaßstab gibt als z. B. die akademische Bildung und andere Betätigungsformen wie z. B. das Handwerk weniger Anerkennung erfahren. Damit verbunden ist das Verständnis von Intelligenz in einer »Wissensgesellschaft«, das bestimmte Formen kognitiver Leistungen favorisiert und diese auch in Tests propagandistisch verbreitet – siehe beispielsweise eine der Lieblingsstudien des technokratischen Unmenschen, genannt PISA, in der einseitig Lese- und Rechtschreibkompetenzen sowie das mathematische Problemlöseverhalten untersucht wurden.

Beschulung wird dann zum Problem, wenn ungleiche Chancen aufgrund des Schulsystems bestehen oder sogar erst daraus erwachsen. Das Wort *Beschulung* wird häufig im Zusammenhang mit *Integration* und neuerdings auch mit *Inklusion* verwendet. Betont wird hierdurch das Einbeziehen aller Kinder und Jugendlichen in die Schule, d. h. die Heterogenität von Menschen soll in allen Formen von Schule existieren und abgebildet werden können. Das Politikum der *Beschulung* verweist auf die Kluft zwischen dem Recht auf → Bildung und den immer noch vom Bildungssystem Ausgeschlossenen.

Das Wort ist keineswegs neutral, sondern es beinhaltet einen Akt der passiven Zurichtung. Im Gegensatz zu

Schule in der Ursprungsbedeutung ermöglicht *Beschulung* keinen aktiven Zugang, sondern beschreibt einen Rahmen von Lernen, der gegeben, aber nicht angeeignet bzw. verändert werden kann. Hierdurch wird der Charakter von Schule in diesem Verständnis als die Subjekte formende Institution ausgedrückt. Selbst noch bei der Berücksichtigung von Heterogenität wird *beschult*, auch die Abweichung oder die Behinderung werden zum Ansatzpunkt, von wo aus geformt und bestimmt werden kann. Nach »Individualität« und »Heterogenität« zu beschulen ist ein Paradox, da die Andersheit damit festgeschrieben und erst hergestellt wird. Der Begriff *Beschulung* verweist auf Schule als feststehendes Konzept, doch Schule als zugeschnittenes Konzept ist eine Verengung, die die Probleme hervorbringt, die zu überwinden sie vorgibt. Dies ist auch ein Grund für das totale Versagen des technokratischen Verständnisses von Schule, das trotz aller »Reformen« immer wieder enorme Negativeffekte wie »Chancenungleichheit«, »Lernstörungen« oder »Wohlstandsverwahrlosung« hervorbringt.

Bildung

Im Alt- und Mittelhochdeutschen als *bildunga* bzw. *bildunge* in den Bedeutungen von *Schöpfung, Verfertigung*, aber auch *Bildnis* und *Gestalt* überliefert, weist bereits die Wortgeschichte darauf hin, dass wir es hier mit einem Begriff zu tun haben, der nicht nahtlos in andere Sprachen übersetzt werden kann. Der Ursprung des Wortes liegt vermutlich in der Theologie Meister Eckharts (1260–1328), der in seiner Imago-Dei-Lehre darlegte, dass es nicht Aufgabe des Menschen sei, sich zu bilden, sondern, dass er von »außen« – nach dem Abbild Gottes – gebildet würde, um gottähnlicher zu werden. Dieses Verständnis änderte sich seit der Renaissance grundlegend, die menschliche Vervollkommnung wurde nun für Erziehung bzw. Bildung entscheidend, was sich insbesondere bei den Pionieren philosophisch-pädagogischen Denkens finden lässt, beispielsweise bei Comenius, Herder oder Kant. Im 18. Jahrhundert ist der Begriff *Bildung* in die pädagogische Literatur eingewandert, und im 19. Jahrhundert gewinnt er vor allem auch durch die Schriften Wilhelm von Humboldts und durch die *Bildungsromane* an Gewicht.

Wird in der skizzierten Tradition der Wert der Bildung als Selbstzweck herausgestellt, so ist der Begriff im 20. und 21. Jahrhundert bis zur Unkenntlichkeit instrumentalisiert worden. Der technokratische Unmensch hat den ursprünglich auf Freiheit und Selbstbestimmung zielenden Bildungsbegriff für seine Ziele umgewertet. Dementsprechend hat eine Verkürzung des Bildungsbegriffs um sich gegriffen, die darauf abzielt, zweckrationale Ziele zu verfolgen und dabei vor allem auf den globalen Wettbewerb hinzuweisen, der es erfordere, das gesamte *Bildungswesen* umzukrempeln. Gleichzeitig erfolgt eine permanente Bewertung von Bildungsinstitutionen unter Effektivitäts- und Effizienzkriterien. Damit wird *Bildung* zu Gunsten von *Ausbildung* verdrängt und ihr emanzipatorischer Wert negiert. Die *OECD* (Organization for Economic Cooperation and Development, dt. Organisation für wirtschaftliche Zusammenarbeit und Entwicklung) hat den Umgang mit Wissen im Sinne des → »Humankapitals« als Schlüsselfaktor einer künftigen Gesellschaft ausgerufen: »Bildung und lebenslanges Lernen spielen eine entscheidende Rolle für die wirtschaftliche und gesellschaftliche Entwicklung. Dies gilt für die fortgeschrittensten Industriestaaten ebenso wie für jene Länder, die derzeit eine Phase rascher Expansion und Entwicklung durchlaufen. Humankapital ist ein wesentlicher Faktor für das Wirtschaftswachstum und die Erhöhung des wirtschaftlichen Wohlergehens des Einzelnen, und es mehren sich die Belege für den Einfluss, den es auf nicht wirtschaftliche Güter wie Gesundheit und soziale Integration ausübt« (OECD 2005, S. 1).

Dass die Propagandisten der von der OECD inszenierten PISA-Studie sich flächendeckend im Bildungssystem ausbreiten konnten, ist einer der wesentlichen Gründe für dessen erbärmliche und ungerechte derzeitige Verfassung. Der Diskurs zur »Wissensgesellschaft« ist im Kern technokratisch angelegt und billigt nur denjenigen im System eine Definitionsmacht zu, die fähig sind, Wissen gezielt und rasch einzusetzen, denn in der »Wissensgesellschaft« sollen die technisch-wissenschaftlichen → Eliten herrschen.

Nach Wilhelm Dilthey muss Bildung zwei unterschiedliche Ziele in den Blick nehmen: Sie soll »[…] den Individuen eine sie befriedigende wertvolle Entwicklung« und »den Gemeinschaften den höchsten Grad von Leistungskraft verschaffen« (Dilthey 1971, S. 50). Zeitgenössisch ausgedrückt, zeigt sich hier ein Verhältnis von *Selbst- und Weltreferenz* als die entscheidende Grundlage von Bildung. Nach Dietrich Benner erfordert dieses Verhältnis eine Vermittlung »zwischen der individuellen und der gesellschaftlichen Bestimmung des Menschen«, welche »die Individuen weder der Gesellschaft opfert«, noch »die menschliche Gesamtpraxis auf ein Spielfeld individueller Willkür und Selbstverwirklichung reduziert« (Benner 1987, S. 123). Aus dieser Unterscheidung von individueller Entfaltung und gesellschaftlicher Anforderung entstand historisch noch eine andere Differenzierung, nämlich die von Allgemeinbildung und beruflicher Qualifikation. Der Diskurs der »Wissensgesellschaft« gibt diese Unterscheidungen zu Gunsten anderer Begründungen auf – »Wettbewerb«, »Globalisierung« etc. – und wirft Subjektbildung und Qualifikation zusammen. Damit wird ein technokratisches Verständnis von »Bildung« erzeugt, das eben nicht mehr aus einem Spannungsverhältnis heraus argumentiert, sondern von der Anpassung an gegebene Entwicklungen geprägt ist.

Mit dieser Legitimation ist ein Totalumbau des Bildungssystems mittels der Techniken des Controllings vorgenommen worden, die in den Institutionen allgegenwärtig sind. Die zunehmende Verdrängung von Bildung durch die Maßgaben des Controllings, die die Betroffenen in der Regel auch noch selbst erarbeiten müssen, sind in den heutigen Bildungsinstitutionen die Regel. Die → »Vision« der von Technokraten fehlgesteuerten Anstalten ist es, durch »Scharfstellung« Bildungsprozesse unter Kontrolle zu bringen und dann das Letzte an »Output« herauszuholen. Im Grunde stören die Lehrenden und Lernenden dieses Modelldenken als nicht berechenbare Einheiten. Traum des technokratischen Unmenschen: Effektive technische Lösungen im fortgeschrittenen dreidimensionalen E-Learning, die die Unwahrscheinlichkeit pädagogischer Interaktionen stark begrenzen, damit am Ende mehr »Verwertbares« herauskommt.

Der Schriftsteller Robert Menasse hat diese Entwicklung pointiert in einem Zeitungsbeitrag kommentiert: »Auf diesem Stand der Entwicklung materialisierte sich das Bildungsideal in zwei Institutionen, die als Erste den alten bildungspolitischen Anspruch erfüllten, für möglichst alle möglichst barrierefrei zugänglich zu sein: die Fachhochschule und das Fitness-Center. Das sind nach dem Bruch die beiden Bruchstücke, die vom universalen Bildungsideal übrig blieben: Ausbildung und Bodybuilding. Es ist klar, dass mit zunehmender Arbeitsteilung und sozialer Ausdifferenzierung irgendwann ein ganzheitlicher Bildungsanspruch auf der Strecke bleiben musste. Die Bildung des Körpers aber, im Sinne von Herstellung der körperlichen Fitness und Bewahrung oder Wiederherstellung von Gesundheit, ist zum letzten universalen Anspruch des Menschen geworden, der als Mensch an sich arbeitet. Humboldts Satz ›Arbeite an dir selbst!‹ hängt gerahmt in der Toilette des Fitness-Centers, aus dem ich ausgetreten bin« (Menasse 2011). So wird aus dem ursprünglich auf Autonomie gerichteten Bildungsbegriff eine Selbst-Zurichtung, die für das Bewusstsein nicht viel mehr übrig lässt als lebenslängliches Lernen.

Brand / Marke

Ein altgermanisches Wort, engl. *brand*, eine Bildung aus dem Niederhochdeutschen. Es bedeutete zunächst *Feuerbrand, Feuersbrunst*, dann das *Brennen von Tonwaren, Kalk, Ziegeln* sowie *Brandzeichen*. Hieraus sind zahlreiche übertragene Bedeutungen hervorgegangen, wie z. B. *brandmarken* oder *Brandmal*. Marke: *Handels-*, *Waren-* oder *Fabrikzeichen*, *Sorte, Wertzeichen, Berechtigungsnachweis*, *Ausweis;* seit Anfang des 18. Jahrhunderts bezeugt, vom Französischen *marque* entlehnt. Siehe auch *Mark: Grenzland, Gau, Gebiet,* das Gesamteigentum einer Gemeinde an Grund und Boden.

Das *Gesetz über den Schutz von Marken und sonsti-*

gen Kennzeichen definiert den Begriff *Marke* wie folgt: »Als Marke können alle Zeichen, insbesondere Wörter einschließlich Personennamen, Abbildungen, Buchstaben, Zahlen, Hörzeichen, dreidimensionale Gestaltungen einschließlich der Form einer Ware oder ihrer Verpackung sowie sonstige Aufmachungen einschließlich Farben und Farbzusammenstellungen geschützt werden, die geeignet sind, Waren oder Dienstleistungen eines Unternehmens von denjenigen anderer Unternehmen zu unterscheiden.«

Der Begriff *Marke* verbreitete sich gegen Ende des 17. Jahrhunderts, er verwies damals lediglich auf die Herkunft bestimmter Waren. Die heutige Reichweite des Begriffes ist weitaus umfassender. Vom Sportverein bis zur Schule, vom Kulturgut bis zur »Ich-AG« sind Institutionen und Personen damit beschäftigt, ihre Marke aufzubauen und zu verbreiten. Die Marke ist deshalb ein Großthema der wirtschaftswissenschaftlichen Forschung, und der Markenwert stellt eine der relevantesten Steuerungsgrößen des Managements dar. Für den Konsumenten bedeutet die Marke durch die mögliche Identifikation mit derselben einen enormen zusätzlichen psychologischen Nutzen, um die eigene → Persönlichkeit zu erweitern bzw. aufzuwerten. Die Marke liefert in einer durchgängig ökonomisierten Welt einen quasi-religiösen Sinnersatz. Nicht umsonst schmücken riesige Marken-Logos in unseren Städten viele Gebäude, und längst werden auch Sportstadien nach Markennamen benannt, ganz zu schweigen von im TV auftretenden Trainern oder Sportlern, deren Kleidung über und über mit Markenzeichen besetzt ist. Der insbesondere von Theodor W. Adorno angeprangerte Typus des »verdinglichten Bewusstseins« kommt in der zeitgenössischen Markenpolitik, die eines der wichtigsten Steuerungsinstrumente des technokratischen Unmenschen darstellt, in Reinform zum Ausdruck: »Erst haben die Menschen, die so geartet sind, sich selber gewissermaßen den Dingen gleichgemacht. Dann machen sie, wenn es ihnen möglich ist, die anderen den Dingen gleich« (Adorno 1972, S. 98). Und damit die Marke sich zur allgemeinen Ersatzreligion aufschwingen kann, müssen mit ihr vor allem auch Inhalte und Werte verbunden werden können. Hamish Pringle und William Gordon schreiben: »Im 21. Jahrhundert kommunizieren Marken funktionale und rationale Merkmale, sind aber gleichzeitig auch emotional und psychologisch besetzt. In Form politischer Standpunkte und ethischer Maßstäbe bis hin zu spirituellen Merkmalen müssen sie darüber hinaus verstärkt auch höhere Werte transportieren, weil der Kunde Fragen nach der ›Kontrolle von Unternehmenstätigkeiten‹ und der gesellschaftlichen Rolle des Unternehmens oder der Marke stellt« (Pringle/Gordon 2002, S. 7). Was sich in diesen Zusammenhängen dagegen sträubt, zur Marke zu werden, kann auch nicht markiert werden.

Cloud

Englische Übersetzung eines aus dem Mittelhochdeutschen stammenden Wortes, das *welk* = *feucht* bedeutet. *Wolke* meint also eigentlich *die Feuchte*, die *Regenhaltige*. Und solche Wolken bestehen in der Regel aus Aerosol, einer Ansammlung sehr feiner Teilchen im Gasgemisch der Luft. Nachdem sie unter den Taupunkt abgekühlt sind, bilden sich aus dem Wasserdampf winzige Wassertröpfchen, in großer Höhe auch mikroskopische Eiskristalle. Wolken transportieren nicht nur Feuchtigkeit, sondern sie schützen uns auch vor Strahlung und bilden eine wichtige Hülle der Erde. Der Begriff *Wolke* ist im Laufe der Jahrhunderte stark poetisiert und in vielen Metaphern verwendet worden. Heute findet der technokratische Unmensch Gelegenheit, ihn auf den Boden der – digitalen – Tatsachen herunterzuziehen.

Das *Cloud Computing* nämlich (CC) wird in naher Zukunft unsere digitale Wirklichkeit, in der wir alle mit allen anderen durch Daten verbunden sein werden, in einer einzigartigen Digi-Sphäre: »Ein verteiltes System setzt sich aus mehreren Einzelkomponenten auf unterschiedlichen Rechnern zusammen, die in der Regel nicht über gemeinsamen Speicher verfügen und somit mittels Nachrichtenaustausch kommunizieren, um in Kooperation eine gemeinsame Zielsetzung – etwa die Realisierung eines Geschäftsablaufs – zu erreichen« (Schill/Springer 2012, S. 4). Einsatzfelder sind z. B der elektronische Handel, die Fertigungssteuerung, das World Wide Web. Ziele sind der gemeinsame Ressourcenzugriff, die Parallelisierung der Arbeit, die Ausfallsicherheit, die flächendeckende Kontrolle der Abläufe.

Den Nutzern in der *Cloud* sollen Ressourcen wie Speicherplatz, Rechenleistung, Netzwerkkapazität, Anwendungen je nach individueller Anforderung bereitgestellt und entzogen werden können: »Das Stichwort Elastizität kennzeichnet die Art der Ressourcenbereitstellung. Die vorhandenen physischen Ressourcen werden dazu in Pools gebündelt und mit Hilfe von Virtualisierungstechnologien als virtuelle Ressource verfügbar gemacht« (a.a.O., S. 31). Der Nutzer benötigt in der Cloud keine IT-Infrastruktur (z. B. kein Office-Programm auf seinem Rechner oder Speicherplatz), sondern kann von jedem Ort über das Internet auf Anwendungen zugreifen (z. B. *Google Docs* – die Bearbeitung von Dokumenten unter einem Account bei *Google,* die dort auch gespeichert werden). Zu bezahlen ist nur die tatsächliche Nutzung, viele Anwendungen werden auch gratis zur Verfügung gestellt, die sich dann durch Werbung oder der Sammlung von Kundendaten refinanzieren. Ohne IT-Ressourcen (außer der Hardware, die noch benötigt wird), ist nichts weiter notwendig, um bestimmte Operationen auszuführen. Von überall erreichbar, ist der *User* auch überall gegenwärtig. Die Rechner selbst werden in diesem Prozess virtuell: So kann mit den *Cloud-Diensten* durch Eintreten in die *Cloud* auf einen virtuellen Rechner zugegriffen werden, der ein Betriebssystem, individuelle Einstellungen, Programme, die eigenen Daten etc. aufweist. Auf solche und ähnliche Rechner kann von jeder internetfähigen Hardware Zugriff erfolgen, die Nutzer haben ihren »Computer« immer dabei, optimal einsatzfähig auch in prekären Beschäftigungsverhältnissen. Die »Realität« wird sich so darstellen, dass z. B. auf eine Ressource auf einem Server zugegriffen wird, der dann nicht der »eigene« ist. Die eigenen Daten werden in großem Stil abgegeben, wodurch Abhängigkeiten erzeugt werden – von den Anbietern, vom Internet, von den Rahmenbedingungen, den Angeboten. Fast wie auf Wolke sieben.

Corporate Identity / Corporate Design

Im Spätlateinischen bedeutete *identitas – Wesenseinheit, Echtheit, Identität* = *die vollkommene Übereinstimmung zweierlei Dinge oder Personen.* Seit dem 19. Jahrhundert ist das Verb *identifizieren* gebräuchlich im Sinne von »etwas genau wiedererkennen« bzw. »die Identität einer Person feststellen«. *A=A* ist in der Geschichte der → Philosophie gleichbedeutend mit dem »Satz der Identität«.

Die *Corporate Identity* stellt in der Betriebswirtschaftslehre das entscheidende Mittel zur Imagepflege dar: »In jedem Fall muss die jahresabschlussbezogene Publizitätspolitik in der prinzipiellen Weichenstellung von Abschottung versus → Transparenz mit dem von der Unternehmung angestrebten Erscheinungsbild, auch Unternehmenskultur oder Corporate Identity genannt, in Einklang stehen« (Wöhe/Döring 2010, S. 896). Was innerhalb einer Firma transparent gemacht werden darf, hängt davon ab, inwiefern es die Identität aufrechterhält oder bedroht. Die *CI* ist dazu da, Einheitlichkeit herzustellen. Das betrifft durchaus auch den Kulturbereich: »Die Identität einer Körperschaft besteht in der Summe ihrer Eigenschaften, Äußerungen und Wechselbeziehungen (Corporate Communication, Corporate Design und Corporate Behaviour). Sie wird im Corporate Image sichtbar. Corporate Identity beschreibt den Prozess, diese Wechselbeziehungen permanent zu steuern« (Alexander 2005, S. 10). Der technokratische Unmensch zieht viel Nutzen aus der CI, zum Beispiel für die Mitarbeiter-Kunden-Beziehung: CI bedeutet die unternehmensinterne Verankerung einer → Marke. Weil Mitarbeitende nicht nur Arbeitskraft sind, sondern auch »Markenbotschafter«, wird Unternehmenskultur und interne Markenverankerung vordringlich: »Das CI-Konzept basiert darauf, dass man ein Unternehmen jeder Art als soziale Gruppe annehmen kann […]« (a.a.O., S. 10). Mit anderen Worten: Das Unternehmen wird persönlich und Teil der sozialen Existenz seiner Mitarbeiter und Kunden. Deshalb ist es so wichtig, → Vertrauen aufzubauen, und auch hierfür bietet die CI entsprechende visuelle Elemente, die – von Werbepsychologen geschickt eingesetzt – die individuelle Person ansprechen. Die für den Markt kommunizierten Werte bekommen damit Wurzeln im Sozialen und schaffen sich eine eigene Realität, die Organisationen werden das, was sie gemäß der Ideologie des Wettbewerbs sein sollen: überall präsent. Für den technokratischen Unmenschen sind deshalb CI und CD zentrale Werkzeuge zur Umsetzung seiner Realfiktion: »Die Identität kann nicht erfunden werden. Sie wird durch Design bewusst und erlebbar gemacht« (a.a.O., S. 9). Mit dieser Erlebnisorientierung wird eine Ebene hergestellt, um die Subjekte an die Unternehmen anzuschließen, wo sie dann in effektivster Weise «gemolken« werden können. Von daher ist »Design« niemals neutral: »Gestalten ist nicht Kosmetik oder Verkaufshilfe, sondern Charakterdarstellung. Sie ist keine Dekoration!« (a.a.O.). Man könnte ergänzen: Oder eben eine Dekoration, in der auch der, der dekoriert, dekoriert wird.

Denkverbot

Im Online-DUDEN findet sich zu diesem zusammengesetzten Wort bereits eine Definition: »Das Nichtzulassen, Unterdrücken von Meinungen, Meinungsäußerungen (die von einer vorgegebenen Linie, einem Dogma o. Ä. abweichen). Beispiel: Ein Denkverbot aussprechen.« In diesem Sinne wäre *Denkverbot* kritisch verwendet, zur Bezeichnung des misslichen Umstandes, dass die Freiheit des Denkens verhindert oder eingeschränkt werden soll. Im Kontext der technokratischen Sprache sind jedoch die bei Managern und Politikern beliebten Formulierungen wie »Da gibt es keine Denkverbote« oder

»Da kenne ich überhaupt kein Denkverbot« anders gemeint, nämlich in dem Sinn, dass zur Durchsetzung bestimmter Ziele und Interessen auch Grenzen überschritten werden können, die andere betreffen, und zwar auch durchaus in der Weise, dass deren Rechte verändert oder ignoriert werden. Ein ursprünglich kritischer Begriff, der gegen die Einschränkung der Freiheit des Denkens eingesetzt wurde, wird aktuell umgewertet, wofür sich zahlreiche Beispiele finden lassen: In einem Namensartikel des gegenwärtigen Bundesministers für Wirtschaft und Technologie, Dr. Philipp Rösler, in der Zeitung *DIE WELT*, Ausgabe vom 11.9.2011, mit dem Titel »Keine Denkverbote mehr«, äußerte derselbe: »Um den Euro zu stabilisieren, darf es auch kurzfristig keine Denkverbote mehr geben.« Doch welcher wirklich denkende Mensch will sich schon mit Denkverboten abfinden?

Durchgriffssteuerung

Die *Durchgriffssteuerung* bezeichnet ein älteres Modell des Regierens, das im Gegensatz zur *Governance* – einem Begriff aus der Politikwissenschaft der 1980er Jahre, die das Zusammenwirken von Akteuren mit berücksichtigt – von einer direktiven Steuerung bestimmt ist, die nicht auf konsensorientierte Aushandlungen setzt.

Für beide Formen stellt sich die Frage, wie »Reformen« durchgesetzt werden können. Die heutigen Steuerungsformen bevorzugen es, die Perspektive des zu Beeinflussenden mit aufzunehmen und damit die negativen Wirkungen von Regierung abzumildern. Hierzu werden Steuerungen über unterschiedliche Maßgaben eingesetzt, ein sehr charakteristisches Beispiel stellt die

Umstellung des deutschen Bildungswesens von der Input- zur Outputorientierung dar: »Im Zentrum der Bemühungen steht die Implementation eines neuen Steuerungsparadigmas für Schule und Unterricht, das mit Blick auf die Bundesrepublik Deutschland u. a. in der Formel des ›Überganges von der Input- zur Outputsteuerung‹ zum Ausdruck kommt« (Fuchs 2008, S. 19).

Das Regieren geht in Zeiten des technokratischen Unmenschen immer deutlicher von einer »Politiksphäre« zu einer »Steuerungssphäre« über, weshalb höchst bedeutsam ist, wie und durch wen und was gesteuert werden kann. In der Steuerungssphäre wird dann z. B. über den *Output* oder die → *Qualitätssicherung* gesteuert und damit regiert, womit Formen der *Freiwilligkeit* zur Steuerung eingesetzt werden können. Wenn Steuerung und Effizienzsteigerung sowie das dauernde *Qualitätsmanagement* zusammenfallen, geht es nicht mehr um ein angesteuertes isoliertes Ziel, sondern die Steuerung selbst wird zum eigentlichen Ziel: Ich steuere, um noch mehr zu steuern und wieder und wieder zu steuern. Deshalb hat sich der Herrschaftsfaktor keineswegs entschärft, sondern er ist durch die Verlagerung von der alten Durchgriffssteuerung »von oben« auf die Ebene des Subjekts noch weitaus raffinierter und effektiver geworden.

Eindringtiefe

Ein Begriff aus der Sprache der Technik, der die Fähigkeit von Materialien oder Wellen bezeichnet, in Materie einzudringen. Mittels experimenteller Verfahren kann anhand von Messmethoden die Fähigkeit des Eindringens oder die Fähigkeit des Widerstandes ermittelt werden, beispielsweise in der Ballistik Schussexperimente. Der Begriff wird mittlerweile aber auch in ökonomischen Zusammenhängen verwendet, z. B. um die *Eindringtiefe* einer bestimmten Maßnahme in einen Markt zu kennzeichnen.

In diesem Sinne gibt es auch Eindringtiefen von Denkweisen in die Gesellschaft, und so könnte auch die Eindringtiefe des technokratischen Denkens bemessen werden: »Durch die beschleunigte Dynamik des technischen Fortschritts ist die Eindringtiefe der Technik – abhängig von der jeweiligen Kultur – ständig gewachsen« (Parodi/Banse/Schaffer 2010, S. 14), was zum dauerhaften Konflikt von Technik und Verantwortung führt, wie die Autoren weiter feststellen: »Denn heutige technische Prozesse sind durch enorme Wirkmächtigkeit und Eindringtiefe gekennzeichnet. Stets galt der Satz, dass die Reichweite unserer Handlungen größer ist als das Wissen über die Folgen unseres Tuns. [...] Nur war bei der handwerklichen Technik die Differenz zwischen den Folgen und dem Erfahrungswissen vergleichsweise klein. [...] Dagegen besitzen heutige Technologien wie die Kerntechnik, die Chemie- und Gentechnik eine extreme Wirkmächtigkeit in Raum und Zeit. [...] Gleichzeitig ist jedoch die Lücke zwischen den Folgen und unserem Wissen über diese Folgen ständig größer geworden« (a.a.O., S. 160). Mittels der Entwicklung von Technologien erhalten Akteure Macht, um in die Tiefe, die immer auch eine solche des Bewusstseins ist, einzudringen. Der Begriff hat also durchaus eine Nähe zur *Penetration*. Nur dass dieses Prinzip des In-die-Tiefe-Eindringens mittlerweile in alle möglichen gesellschaftlichen Felder übertragen worden ist. So geht es um die Einsetzung von Steuerungsmechanismen in staatlichen politischen Systemen ebenso wie um Maßnahmen der »Security Governance« bei der Bekämpfung von Piraterie und maritimem Terrorismus. Mit der Eindringtiefe wird jeweils die Frage nach der Reichweite entsprechender Maßnahmen gestellt. Das Durchsetzen eines »outputorientierten« Zieles, das in die Sache selbst eindringt und sie schließlich durchdringt und grundlegend verändert, wird mit der *Eindringtiefe* benannt. Durch die → *Implementierung* von Zielen dringen wesensverändernde Inhalte in eine Sache ein.

Im Kontext von Pädagogik findet der Begriff bereits insofern Verwendung, als mit ihm »Lerneffekte« sichtbar gemacht werden können. Der technokratische Unmensch verwendet *Eindringtiefe* auch für die Arbeit in politischen Gremien, wie man in einer gemeinsamen Publikation des *Stifterverbandes der Deutschen Wissenschaft* mit dem *Centrum für Hochschulentwicklung* (CHE) der Bertelsmann-Stiftung entdecken kann, wo für das höchst wichtige Amt des Hochschulratsvorsitzenden sogar vorgeschrieben wird, was dieser in Sitzungen zu tun habe, er »[…] übernimmt die Sitzungsleitung und hat damit die Aufgabe, die Schwerpunkte zu setzen, die Eindringtiefe festzulegen und die Diskussionen zielgerichtet zu führen« (Meyer-Guckel/Winde/Ziegele 2010, S. 56). – So viel penetrante Penetration war noch nie.

Elite

Ursprünglich vom Lateinischen electere (»auslesen«) stammend, wurde das französische Hauptwort *èlite* zur Zeit der Französischen Revolution von den Bürgern dafür verwendet, den Personenkreis zu kennzeichnen, der durch die eigene Tätigkeit – im Gegensatz zu Adel und Klerus – eine herausgehobene gesellschaftliche Position erreicht hatte. In der Industrialisierung setzte sich das Bürgertum mit dieser Bezeichnung von den unteren, nicht selbständigen Ständen ab. In der Bedeutung von »Auslese der Besten« findet *Elite* im deutschen Sprachraum auch heutzutage Verbreitung, und das, obwohl es im 20. Jahrhundert eine durchaus unrühmliche Geschichte hinter sich hat. In »Aus dem neuen Wörterbuch des Unmenschen« hatte deshalb Inge Stolten einen kritischen Beitrag zum Elite-Begriff eingebracht: »Nach dem verlorenen Krieg und dem Ende der Nazidiktatur war der Begriff Elite tabu; jetzt hat er wieder Konjunktur. [...] Eliteförderung paßt zur geistig-moralischen Wende in unserem Land: Leistung soll sich wieder lohnen, aber nicht unbedingt für alle. Chancengleichheit ist nicht mehr das Ziel: Im Bildungsbereich werden die Finanzen gekürzt, doch darunter leiden nur die Kinder aus sozial schwächeren Familien, die im Gegensatz zu der Elite wohl nicht der Förderung bedürfen« (in: Jogschies 1987, S. 40).

Aktuell ist der Elite-Begriff wieder salonfähig. Diejenigen, die sich selbst als Elite wähnen, haben es mit ausgeklügelten Techniken der Manipulation verstanden, so viel Vergessen herzustellen, das sich kaum noch jemand an die finstere Vergangenheit der Auslese-Ideologie erinnern mag. Nein, vielmehr geht es heute darum, von allen Seiten die verheißungsvolle Spitze der Gesellschaft zu stürmen, und der wichtigste Trick hierbei ist der, das Bildungssystem so herzurichten, dass es für den »globalen Wettbewerb aufgestellt« wird. Denn wer die → Bildung steuert, verfügt in der Wissensgesellschaft über eine zentrale Macht. Daraus folgt die Konsequenz, dass wir Eliteschulen, Eliteuniversitäten und Elitezüchter brauchen, denn die garantieren unseren Lebensstandard und unseren politischen Einfluss in der Zukunft. Und dann verkommen Schulen und Hochschulen zu Hamsterrädern des Wissens. So bedeutet es z. B. heute, an einer Hochschule zu studieren, im universitären Assessment-Center unentwegt elitäre Gesten nachzuahmen, um das Ich-Kapital als einzigartig und optimierungsfähig auszuweisen. In einer Masse von Studien- und Prüfungsleistungen untergehend, wird eigenständiges Denken mehr und mehr vom Tunnelblick verdrängt: Das Studium ist zum Auslese-Instrument für selbsternannte Eliten geworden – angeleitet von einem hilflosen und weichgespülten Wissenschaftspersonal. Sollten nicht wenigstens die intellektuellen »Eliten« den Elite-Begriff bewusster verwenden? Damit ist leider überhaupt nicht zu rechnen, wenn wir der Einschätzung eines kritischen Geistes folgen: »So sind unsere Eliten wie die Totengräber wichtiger Errungenschaften unseres Volkes. Sie räumen alles ab. Rücksichtslos. Und sie arbeiten auf eigene Rechnung« (Müller 2007, S. 13). Darüber hinaus ist auffällig, wie oft Deutschland sich von seinen »Eliten« in Katastrophen manövrieren ließ. Was für eine Geschichte!

Engagement

Für die deutsche Sprache wurde das Verb im 17./18. Jahrhundert aus dem Französischen *engager* entlehnt, was »in Gang nehmen« bedeutete und vor allem im Sinne von *verpflichten* oder *unter Vertrag nehmen* verwendet wurde. Dementsprechend wird *Engagement* heute sowohl im Sinne von *Einsatz* für etwas – zum Beispiel der Bundeswehr im Ausland – als auch für die *Anstellung* eines Künstlers verwendet. Das *Engagement* im Beruf wird selbstverständlich von jedem

Unternehmen und jeder Institution verlangt, deshalb steht in Stellenausschreibungen immer wieder: »… suchen engagierte, zuverlässige …«. Wer engagiert ist, ist nicht nur angestellt, sondern auch fähig und willig zur Erbringung der erwarteten Leistung. Dann gibt es noch das politische, bürgerliche, zivilgesellschaftliche Engagement, bei dem sich Personen für gesellschaftliche Belange – oft uneigennützig – einsetzen und bewähren.

Engagiert sein ist mittlerweile eine unerlässliche Bedingung für die berufliche Tätigkeit, es ist zum unverzichtbaren Persönlichkeitsmerkmal geworden, eine merkliche Eigenschaft des selbstverantwortlichen erfolgreichen Lebens. *Engagement* bedeutet folglich nicht Emanzipation bzw. die Befreiung von Herrschaftsverhältnissen, auch wenn mit ihm die Bildung eines politischen Bewusstseins einhergeht: »Man verbindet sich mit dem Strom der Geschichte, und der große Strom der Geschichte nimmt seinen Lauf dank dem Engagement der Vielen […]« (Hessel 2011, S.10).

Viele neue Schlagworte haben sich in den letzten Jahren als zentrale Themen in der Öffentlichkeit etablieren können, zwei davon sind sicherlich »bürgerschaftliches Engagement« und → »Zivilgesellschaft«. Ganz zentral diskutiert wird das auch von der relativ neuen Einrichtung *Nationales Forum für Engagement und Partizipation,* die 2011 startete, auf deren Internetseite sich technokratische Sprache in Reinkultur wiederfindet, gefördert vom *Bundesministerium für Familie, Senioren, Frauen und Jugend*: »Die Koordinierungsstelle des Nationalen Forums für Engagement und Partizipation unterstützt die Bundesregierung bei der Weiterentwicklung ihrer engagementpolitischen Arbeit. Die Aufgabe besteht insbesondere darin, die Diskussions-, Beteiligungs- und Umsetzungsprozesse für verschiedene relevante Themenbereiche zugangsoffen und unabhängig zu begleiten […]« Das klingt sehr nach aus Management-Verlautbarungen bekannten Floskeln, wird aber noch deutlich roboterhafter, wenn wir weiterschauen und es um »hybride Organisationen« geht: »Als hybride Organisationen werden Organisationen bezeichnet, die verschiedene Charakterelemente miteinander kombinieren. Wohlfahrtsstaatliche und zivilgesellschaftliche Elemente werden mit unternehmerischen Identitäten und Handlungsorientierungen verbunden. Es ist zu prüfen, wie sich Konzepte hybrider Organisationen auf die Engagementlandschaft auswirken und ob es sich hierbei um eine Organisationskultur handelt, die bereits vorhanden ist, jedoch in einem anderen Gewand erscheint.« Alles zu finden unter www.forum-engagement-partizipation.de.

Engagement wird hier also als Landschaft naturalisiert, in der allerdings hybride Organisationen lustwandeln, die dann wiederum als Kultur verstanden werden sollen. So surreal, wie sich der technokratische Unmensch die Welt malt, kann sie (hoffentlich) niemals Wirklichkeit werden.

Jedenfalls soll der Bürger zurück in die Politik und sich möglichst kostenneutral engagieren, und wenn alles gut geht, nähern wir uns neuen Formen des Gemeinsinns an, und so hat sich bereits ein neues Politikfeld herausgebildet, das der *Engagementpolitik*. Doch da stellen sich doch einige drängende Fragen, z. B.: Inwieweit kann Engagement staatlich überhaupt gesteuert werden? Oder auch: Führt Engagement in der technokratischen Welt zu einem Mehr an Freiheit bzw. soll es überhaupt dorthin führen? Wenn Optimisten im Engagement Akte der Neubegründung und der Wiederaneignung der Demokratie und des Sozialen sehen, dann entgegnen die Skeptiker, dass mit dem bürgerschaftlichen Engagement der Staat Verantwortung abgibt und an die Individuen überträgt. *Engagement* wird dann nämlich zu einem Instrument, das Ausfallerscheinungen in Staat und Gesellschaft kostengünstig korrigieren soll.

Evaluation

Dieser auf das Lateinische *valor* = *Wert* zurückgehende Neologismus wird in der 24. Auflage des DUDEN mit *Bewertung, Beurteilung* übersetzt. Dabei stellt sich sogleich die Frage, wer oder was von wem beurteilt werden soll. Institutionen, Organisationen, Gruppen, aber auch Einzelne sollen mit einer Evaluation eingeschätzt werden, der oder die Einschätzer sind dabei in der Regel hierfür geschulte Kräfte, die mit einem Leitfaden methodisch vorgehen und die zu evaluierende Einheit untersuchen. An der → Universität des Saarlandes lässt sich sogar ein »Master of Evaluation« studieren, zudem beherbergt die Institution ein Zentrum für Evaluation, das die Öffentlichkeit und die in einer Kontrollgesellschaft stetig steigende Nachfrage nach differenzierten Evaluationsverfahren mit Forschungen und Publikationen versorgt. In einem dort erschienenen Text wird der Begriff wie folgt verdeutlicht: »Evaluationen stellen im Unterschied zur wissenschaftlichen Forschung jedoch keinen Selbstzweck dar. Sie sind nicht dem puren Erkenntnisinteresse verpflichtet, sondern sollen einen Nutzen stiften. Sie sollen dazu beitragen, Prozesse transparent zu machen, Wirkungen zu dokumentieren und Zusammenhänge aufzuzeigen, letztlich um Entscheidungen treffen zu können, z.B. mit dem Ziel,

Ablaufprozesse effektiver zu gestalten, den Input effizienter einzusetzen, den Output zu erhöhen, den Wirkungsgrad zu verbessern, die → Nachhaltigkeit zu sichern et cetera. D. h., Evaluationen können dazu beitragen, die Qualität eines Programms, einer Maßnahme oder einer Dienstleistung zu verbessern. Gegenstände einer Evaluation können z. B. Personen, Organisationen, Produkte, Reformen, Gesetze, Maßnahmen, → Projekte, Programme oder gar Evaluationen selbst sein« (Stockmann 2002, S. 2). Damit ist das Anwendungsgebiet von Evaluationen riesig, es können praktisch alle gesellschaftlichen Bereiche einer Evaluation unterzogen werden. Liest sich die eben zitierte Differenzierung noch halbwegs neutral, so wird der politisch-repressive Charakter von Evaluationen bei der Formulierung ihrer Ziele sehr deutlich, denn diese sind: »1. Die Gewinnung von Erkenntnissen; 2. Die Ausübung von Kontrolle; 3. Die Schaffung von → Transparenz [...]; und 4. Die Dokumentation des Erfolgs [...]« (a.a.O., S. 3).

Wer oder was evaluiert wird, muss sich also einem Verfahren unterwerfen, das immer schon in eine bestimmte Richtung lenkt, die der unausgesprochene Maßstab des Verfahrens und vom *Auftraggeber* bestimmt ist. Es handelt sich hierbei um eine technokratische Herrschaftstechnik, mit der sich Herrschaft selbst bestätigt, erweitert und rechtfertigt. Evaluationen zielen auf die Aufhebung von Autonomie und auf die Unterwerfung unter die eingesetzten Verfahren. Folgerichtig sind Systeme wie → Bildung, Gesundheit, Verwaltung und Wirtschaft die zentralen Adressaten, denn wenn hier die technokratische Konditionierung durchgesetzt wird – und Evaluationen sind ein Mittel hierfür –, dann kann die Gesellschaft insgesamt mittels der entsprechenden Verfahren regiert werden. So ist beispielsweise im Zuge der Evaluationen im Bildungssystem eine gewaltige Akkreditierungs- und Evaluationsbürokratie entstanden, für die wertvolle Lehr- und Forschungszeit eingesetzt wird und nennenswerte Anteile davon ersetzt hat. Millionen von Stunden und Milliarden Gedanken werden an den europäischen Hochschulen zu Lasten von Forschung und Lehre mit *Evaluationen* vergeudet.

Exzellenz

Im 16. Jahrhundert wurde das Adjektiv vom Französischen *excellent = hervorragend, ausgezeichnet* entlehnt, das entsprechende Subjektiv *Exzellenz* wurde auch zur Anrede hochstehender Persönlichkeiten verwendet. In heutiger Zeit steht das Wort dem Elite-Begriff nahe, und überall, wo man noch Skrupel hinsichtlich der geschichtlichen Last des Begriffs *Elite* hat, eignet sich *Exzellenz* exzellent dafür, die Erhabenheit von Institutionen und Personen oder die unvergleichliche Einzigartigkeit großartiger Zielvorstellungen zu bezeichnen. Denn dorthin will der technokratische Unmensch unter allen Umständen, darauf sind seine Anstrengungen gerichtet, auf die Glück verheißende Sphäre der *Exzellenz,* und so gibt es beispielsweise in der Wissenschaftslandschaft die *Exzellenzinitiative* ebenso wie *Exzellenzcluster.* Zu dumm nur, dass diese Exzellenz-Manie ausgerechnet von Leuten verfolgt wurde, deren eigene Exzellenz nachdrücklich in Frage gestellt werden musste.

Facebook

Sollte man dieses Wort einfach nur direkt ins Deutsche übersetzen? Dann würde *Gesichtsbuch* bereits einiges verraten über ein Unternehmen, das ein riesiges, weltweites soziales Netzwerk betreibt und mittlerweile den Mittelpunkt im Leben vieler Menschen ausmacht.

2012 erfolgte der Börsengang von *Facebook*, der Gründung eines Harvard-Absolventen, das von nahezu einer Milliarde Menschen und mittlerweile auch von vielen Firmen zur Kommunikation genutzt wird. Auf der Basis des Ausgabepreises wurde *Facebook* in seinen ersten Tagen als Aktiengesellschaft wertvoller als die alteingesessenen deutschen Firmen BMW, Adidas und die Deutsche Bank zusammen. Dieses *Facebook* ist in einer Sparte der Ökonomie angesiedelt, die mit der *Aufmerksamkeit* von Beobachtern Handel betreibt und diese nach Möglichkeit durchgängig bannt. Ausgangspunkt ist der medial verbreitete Narzissmus. Das Erfolgsrezept besteht darin, die eigenen Fotos anderen »Freunden« und »Freundinnen« zeigen und darüber berichten zu können, was sich alles so zugetragen hat im Leben der Nutzerinnen und Nutzer der Plattform. Persönliche Daten werden von Facebook großzügig für Werbezwecke eingesammelt – die typische Archivierungsleidenschaft des technokratischen Unmenschen. Mit diesen Informationen kann jedes Gesicht heraus- oder hereingelesen werden. Roland Reuß bringt es auf den Punkt: »Wer Firmen wie Google™ oder Facebook™ ›gut‹ findet, hat den korrumpierenden Primat allesunterjochender Werbung mit allen seinen gruseligen Nebeneffekten schon akzeptiert; für das → Projekt einer Reform von Gesellschaft im Spätkapitalismus scheidet er damit aus« (Reuß 2012, S. 28).

Feedback

Allzu grob übersetzt würde dieser aus dem Angelsächsischen stammende Begriff *Zurückfütterung* bedeuten, tatsächlich geht es beim *Feedback* um die *Rückkopplung*, die vor allem im akustischen Bereich durch die gegen seine Boxentürme gehaltenen Tonabnehmer der Fender-Stratocaster-Gitarre von Jimi Hendrix bekannt geworden ist. Sein von Rückkopplungen durchzogenes *Star Spangled Banner* ist legendär geworden, überboten wurde es nur durch Lou Reeds *Metal Music Machine*, einem aus herrlichsten Rückkopplungen bestehenden Doppelalbum.

In der Welt des technokratischen Unmenschen ist das permanente *Feedback* hingegen erforderlich, um z. B. → Evaluationen und Ratings durchzuführen oder allgemein, um das, was ausgesendet wurde, auf seine Wirkung hin einschätzen zu können. Diejenigen, die kontrolliert werden, sind selbstverständlich stets dazu aufgefordert, ihr *Feedback* abzugeben, um die Veranstaltung am Laufen zu halten. Dementsprechend finden wir heute überall *Feedbackschleifen*. Wie fanden Sie dieses Lemma?

Ganzheitlichkeit

Der Begriff Ganzheitlichkeit ist von *Ganzheit* abgeleitet, das wiederum auf das Adjektiv *ganz* zurückgeht, welches sich im Mittelhochdeutschen bereits im 8. Jahrhundert in den Bedeutungen von *heil*, *unversehrt*, *vollkommen* und *vollständig* nachweisen lässt. Heute wird der Begriff dafür verwendet, dass in der Betrachtung einer Sache alle ihre Teile und Gesichtspunkte, Beziehungen und Eigenschaften berücksichtigt werden sollen. In der Medizin wird der Begriff vor allem für Verfahren der Naturheilkunde verwendet, die im besten Fall – im Gegensatz zur Schulmedizin – den gesamten Menschen mit seiner psychischen und sozialen Situation in den Blick nimmt und das Symptom als Ausdruck einer Krise in einem Gefüge betrachtet. In der Pädagogik stammt der Begriff vor allem aus reformpädagogischen Zusammenhängen, die nicht nur die kognitiv ausgerichtete Wissensvermittlung, sondern auch die musisch-ästhetische und psychisch-physische Konstitution der Schülerinnen und Schüler berücksichtigt. Das »Lernen mit allen Sinnen« steht hierfür.

Der technokratische Unmensch hat auch diesen Begriff für sich entdeckt und nutzt ihn geflissentlich für seine Zwecke. Das liest sich dann im Internet, wo es auch von Angeboten zum ganzheitlichen Wirtschaften wimmelt, so: »Die Organisationsarbeit verlagert sich weg vom bürokratischen Perfektionieren rational gestalteter, formaler Ordnungen hin zum Schaffen von Rahmenordnungen, in denen sich die Human-Resources voll entfalten können. Die Arbeitsorganisation des Human-Resource-Management bindet die Menschen ein und berücksichtigt, dass sie einen gesamten Produktprozess (*Ganzheitlichkeit* der Arbeit) gestalten. Erfahrungsgemäß wird dort die Motivation gesteigert, wo Mitarbeiter komplexe Arbeitsfelder (Prozesse) weitestgehend selbstständig bearbeiten können« (Plaschke/Sauter/Zinder 2004, Abschnitt 3.1.4.). Wem das nicht reicht, der sollte sich der »Zertifizierungsausbildung Ganzheitliche Wirtschafts-Mediation (ZGWM)« annehmen.

Geschmack

Selbstverständlich setzt der technokratische Unmensch immer auf die Natur der Dinge und auf das Natürliche, denn sonst wäre es sehr einfach, seine wahnhaften Modelle und Konzepte als unhaltbare Setzungen zu entlarven. Dem Begriff des *Geschmacks* kommt deshalb besondere Bedeutung zu, weil man mit diesem sowohl ans Subjekt als auch an das Allgemeine herankommt. Um gegen eventuelle Einflussnahmen zu immunisieren, sei deshalb auf die geschichtliche Entwicklung des Begriffes hingewiesen.

Im 17. und 18. Jahrhundert entstanden die entscheidenden Konzeptionen, doch man findet den Begriff *Geschmack* deutlich früher, so z. B. in Lodovico Dolces »Dialogo della Pittura« aus dem Jahre 1557 (vgl. Barocchi 1960). Hier z. B. wird *gusto* als natürlicher Geschmack *senza lettere* dem gelehrten Urteil entgegengestellt. Diese Fassung stellt schon eine erhebliche begriffliche Erweiterung dar, denn bis zum 17. Jahrhundert verstand man unter *Geschmack*, *gusto* oder *bon goût* in der Regel die Reizung der Zunge und folglich den *Geschmackssinn*. Noch in Jean Anthelme Brillat-Savarins »Physiologie des Geschmacks«, die in Frankreich 1826 und in Deutschland 1865 erschien, heißt es: »Der Geschmack ist derjenige Sinn, welcher uns mittelst einer eigenthümlichen Empfindung, die in dem Organe erregt wird, zu den schmeckenden Körpern in Beziehung setzt« (Brillat-Savarin 1865, S. 48). Warum wird die Debatte um den Geschmack vor allem im 17. und 18. Jahrhundert so vehement geführt? Niklas Luhmann gibt als Grund hierfür das schwindende → Vertrauen in die Beziehung zwischen dem Zeichen und seiner Bedeutung an, das Geschmacksurteil konnte in dieser Zeit als

Moment sozialer Referenz seine *Unterscheidungen ermöglichende* Wirkung entfalten: »Schon im 17. Jahrhundert war die Beziehung zwischen Zeichen und Bezeichnetem, für die → Kunst jedenfalls, vieldeutig geworden. Das hatte dem Kriterium des (guten) Geschmacks seine Funktion gegeben. [...] Man hält daran fest, dass es objektive Unterschiede gebe zwischen schönen und weniger schönen Werken, und setzt auf der subjektiven Seite an, um die Probleme des Erkennens und Beurteilens dieser Unterschiede zu behandeln« (Luhmann 1996, S. 444). Und an anderer Stelle führt Luhmann aus: »Der Begriff des guten/schlechten Geschmacks bildete den ersten Versuch, den Betrachter oder Genießer in die Kunsttheorie einzuführen und von da aus die Frage nach den Kriterien schöner Kunst zu formulieren. [...] Das mochte für einen ersten Zugriff ausreichen, ließ aber die Frage offen, wie Geschmack erworben werden kann und wie, wenn er noch nicht voll ausgebildet ist, man sein Fehlen bemerken kann. Offenbar nicht durch längeres Anstarren des Kunstwerkes. Vielmehr muss der Betrachter von der Annahme ausgehen, dass es Qualitätsunterscheidungen gibt, die auch er, selbst wenn sie ihm im Moment nicht zugänglich sind, erwerben könnte. Er projiziert dann in das Kunstwerk einen Zeithorizont weiterer möglicher Beobachtung hinein – eine Möglichkeit, genauer zu beobachten, weitere Unterscheidungen zu benutzen, Gleichheiten in Ungleichheiten aufzulösen, kurz: zu lernen« (a.a.O., S. 133f.).

Die Verschränkung von Geschmack und → Bildung, die wir in zahlreichen Texten des 18. Jahrhunderts finden können, erscheint in dieser Perspektive als Notwendigkeit. »Geschmack« garantiert dann auch, dass das, was an aufwendiger künstlerischer Produktion in

Erscheinung getreten ist, von entsprechend dafür eingestellten Betrachtern wahrgenommen werden kann. Demgemäß bemüht sich das auch pädagogisch innovative 18. Jahrhundert um die Geschmacksbildung des Publikums.

Immanuel Kant formulierte, ausgehend von der Analytik des Schönen, die folgende berühmt gewordene Definition: »*Geschmack* ist das Beurteilungsvermögen eines Gegenstandes oder einer Vorstellungsart durch ein Wohlgefallen oder Missfallen *ohne alles Interesse*. Der Gegenstand eines solchen Wohlgefallens heißt schön« (Kant 1974, S. 48). Laut Kant urteilt man mit einem Geschmacksurteil nicht bloß für sich selbst, sondern für jedermann, und mutet anderen zu, mit in die Beurteilung eines Wohlgefallens einzustimmen. Würde man lediglich eine Empfindung des Schönen in Ansehung des Verhältnisses von Lust und Unlust äußern, so artikulierte man immer noch ein persönliches Urteil. Der *Reflexionsgeschmack* hingegen bildet vorgeblich gemeingültige Urteile über einen Gegenstand. Es geht dabei nicht bloß um die Empfindung von Lust/Unlust angesichts eines Gegenstandes, sondern, wie Kant es ausdrückt, um die »Allgemeingültigkeit dieser Lust«.

Was die gesellschaftlichen Effekte des Geschmacks betrifft, so findet sich bei Schiller, im 10. Brief »Über die ästhetische Erziehung des Menschen«, eine berühmte Mahnung: »In der Tat muss es Nachdenken erregen, dass man beinahe in jeder Epoche der Geschichte, wo die Künste blühen und der Geschmack regiert, die Menschheit gesunken findet und auch nicht ein einziges Beispiel aufweisen kann, dass ein hoher Grad und eine große Allgemeinheit ästhetischer Kultur bei einem Volke mit politischer Freiheit und bürgerlicher Tugend, dass schöne Sitten mit guten Sitten, und Politur des Betragens mit Wahrheit desselben Hand in Hand gegangen wäre« (Schiller 1965, S. 39).

Im 19. Jahrhundert führt die Vielfalt der unterschiedlichen ästhetischen Konzeptionen und Geschmacksvorstellungen zu Orientierungsproblemen. Wie sich die Verunsicherung durch viele parallele Positionen ausnehmen kann, hat Gustave Flaubert in seinem Romanfragment *Bouvard und Pécuchet* dargestellt, in dem er die Frage nach dem *Geschmack* angesichts eines Streitgesprächs über das Schöne entwickelt. Schlag auf Schlag behandelt der Text zentrale Probleme der modernen Ästhetik:

»›Was ist Geschmack?‹ Er wird definiert: ein besonderes Unterscheidungsvermögen, ein schnelles Urteil, die Überlegenheit, gewisse Beziehungen zu erkennen. Kurz, Geschmack ist Geschmack – aber wie man Geschmack erhält, sagt kein Mensch« (Flaubert 1979, S. 200f.). Die ästhetischen Avantgarden des 20. Jahrhunderts attackieren überlieferte Geschmacksvorstellungen und bringen das Ausgegrenzte, das Hässliche, das Unbewusste in die Kunst ein, um bestehende Vorstellungen und Inhalte zu erweitern bzw. zu überschreiten. Dadaismus und Expressionismus, Futurismus und Surrealismus profitieren von der Existenz etablierter Geschmacksvorstellungen, auf deren Folie sie ein jeweils eigenes Programm entwickeln und ausführen. Marcel Duchamp brachte es auf den Punkt: »Das große Ziel bestand in einer Reaktion gegen den Geschmack« (Duchamp 1981, S. 24).

Dass die Herrschenden historisch stets über den besseren Geschmack verfügt haben und sich die Subalternen mit dem kläglichen kulturellen Rest über Wasser halten mussten, lässt Schlüsse darüber zu, dass sozial konstituierter Geschmack als »natürlicher« verbreitet wird: »Über Geschmack streitet man nicht – nicht, weil jeder Geschmack natürlich wäre, sondern weil jeder sich in der Natur begründet wähnt…« (Bourdieu 1987, S. 105). Und genau da setzt der technokratische Unmensch an, indem er einen technokratischen *Geschmack* als mentalen Stil in die Gesellschaft einführt, der nach jahrelanger Einflüsterung als der normale und natürliche erscheint. So vergessen viele Zeitgenossen beispielsweise angesichts der geschmacklich ansprechenden »Coolness« heutiger Kommunikationsmittel gern, dass man mit diesen Geräten sich nicht nur mit anderen verbinden, sondern auch durch andere überwacht werden kann. Darüber hinaus darf an dieser Stelle die These geäußert werden, dass die Dominanz des Künstlichen als primärer Geschmacksquelle zur allgemeinen Schwächung des Geschmackssinnes führt.

googeln

Der DUDEN vermeldete das Verb *googeln* ab seiner 23. Auflage, in der 24. Auflage wurde dem Verb auf Bitten der Firma die Bedeutung von »mit Google im Internet suchen« zugeschrieben, damit ein für allemal klar bleibt, dass man nur mit Google »googeln« kann. Und deshalb wird im DUDEN »Google« dann auch gleich noch als *Internetsuchmaschine* erklärt. Die Maschinenwelt erklärt sich also hier mit und durch sich selbst, eine Maschine zum Suchen wird zu einem Wort in der deutschen Sprache, und der technokratische Unmensch freut sich sicherlich über so viel Maschinen-Verständnis. Und dann kann man auch gleich noch *Streetview, Analytics* und *Chrome* als die weiteren Beglücker der technischen Zivilisation feiern und »einfach so« gut finden.

Dass Google mittlerweile an der Berliner Humboldt-Universität das »Alexander von Humboldt Institut für Internet und Gesellschaft« finanziert, bleibt dabei noch eine Randnotiz. Denn von der DDR-Kaderschmiede zur von Google gesponserten Wissenschaftsindustrie ist es offenbar kein allzu großer Schritt.

Humankapital

DUDEN Online definiert dieses Wort kurz und bündig als »Substantiv, Neutrum – Arbeitsvermögen; Gesamtheit der wirtschaftlich verwertbaren Fähigkeiten, Kenntnisse und Verhaltensweisen von Personen oder Personengruppen«. Es handelt sich hierbei um ein zusammengesetztes Wort, das in diesem Fall auch noch aus einer ungünstigen Verbindung zweier gegensätzlicher Begriffe besteht. Auch deshalb ist *Humankapital* im Jahr 2004 zum »Unwort des Jahres« gewählt worden, die Nähe der verwertbaren menschlichen Ressource zum faschistoiden *Menschenmaterial* ist nicht zu verleugnen. Das in dem Wort steckende Adjektiv *human = menschlich, menschenfreundlich*; auch: *gesittet, gebildet* wurde im 17. Jahrhundert aus dem Lateinischen *humanus* entlehnt, das die ursprüngliche Bedeutung von *irdisch* hatte. Bereits im 16. Jahrhundert war das Substantiv *Humanität* (lat. *humanitas*) im Sinne von *edle Menschlichkeit, hohe Gesittung* in Gebrauch.

Ebenfalls seit dem 16. Jahrhundert ist das aus dem Italienischen stammende *Capitale* – das wiederum auf das Lateinische *caput = Kopf, Spitze* zurückgeht – bezeugt, das in den Bedeutungen von Geld, Vermögen, Nutzen oder Gewinn Verbreitung fand. Im heutigen Sprachgebrauch kommt es in zahlreichen Zusammensetzungen und Ableitungen vor, beispielsweise: Kapitalfehler, Kapitalhirsch, Kapitalverbrechen oder Kapitalismus/kapitalistisch etc.

Der Begriff *Humankapital* stellt vor allem gegen Ende des 20. Jahrhunderts einen neuen Zugriff auf die menschliche Existenz dar, nämlich als Ressource für wirtschaftliches Wachstum und → Potenzial für alle Möglichkeiten der Verwertung.

Die Summe der wirtschaftlich nutzbaren Fähigkeiten, Kenntnisse und auch Verhaltensweisen der Erwerbsbevölkerung einer Volkswirtschaft steht nun im Fokus. Der Begriff bringt zum Ausdruck, dass erst die Ausbildung ein Individuum dazu befähigt, volkswirtschaftlich produktiv tätig zu werden, so wie analog beim Boden eine Urbarmachung nötig ist. Statistisch kann das *Humankapital* nur indirekt anhand sozialer Indikatoren (z. B. Art der schulischen Ausbildung) gemessen werden. Als Investitionen in Humankapital sind demnach die Ausgaben für Erziehung, für die Aus- und Weiterbildung anzusehen. Und all das ist notwendig, weil WIR im WETTBEWERB stehen: »Ständige Umwälzungen durch Globalisierung, Technologisierung und kürzer werdende Produktlebenszyklen bedeuten für viele Organisationen schon heute, dass ein Wissens- oder Innovationsvorsprung oft ihr einziger Wettbewerbsvorteil ist« (Mertins/Heisig/Alwert 2005, S. VII). Somit gewährleisten die Trägerinnen und Träger von Wissen und Ideen den Mehrwert für die Produktivität der heutigen Wirtschaft. Es entsteht dabei ein merkwürdiger Hybrid, denn einerseits findet durch die durchgehende Ökonomisierung auch eine De-Humanisierung statt, gleichzeitig wird das Individuum in die Psycho-Falle seiner eigenen → Optimierung gelockt, wo jede Regung einen Zeichencharakter besitzt, der rasch ins Pathologische driften kann. Nichts ist mehr bedeutungslos, alles muss einem greifbaren Zweck unterliegen, ob ethisch oder ökonomisch. Die Ökonomie braucht nämlich *Sinn*, um das »Menschliche« abbilden, darstellen und präsentieren zu können. Der Begriff *Humankapital* macht deutlich, auf welche perfide Art und Weise die Wirtschaftswissenschaften versuchen, eine Vorstellung von der Natur des Menschen in die Gesellschaft einzuschreiben, die der Reproduktion einer bestimmten Art und Weise des Wirtschaftens dienlich ist. Es wird ein Menschenbild produziert, das eben nicht vom Offenen der Existenz bestimmt ist, sondern von der Logik des Kapitals. Deleuze und Guattari beschreiben dies wie folgt: »In der territorialen und selbst despotischen Maschine verläuft die ökonomische, gesellschaftliche Reproduktion niemals unabhängig von der Reproduktion der Menschen, von deren gesellschaftlicher Form. [...] Der Sozius ist, in der Eigenschaft als Geldkapital, unmittelbar ökonomisch geworden; er duldet keine weiteren Voraussetzungen« (Deleuze/Guattari 1977, S. 338f.). Die Zusammenstellung der Wörter *Human* und *Kapital* definiert folglich einen Typus des *Menschen* ebenso wie einen solchen des *Kapitals*. Zu Recht kann dieser technokratische Begriff nur als *Unwort* bezeichnet werden.

implementieren / Implementierung

Das dem Englischen entlehnte Wort mit lateinischer Wurzel (»implere«) wird häufig in der EDV verwendet, und zwar mit den Bedeutungen von *einbauen, einführen* oder *einsetzen*. Hierzulande ist aber *Implementierung* vor allem in der Managementlehre und der Politikberatung dafür bekannt geworden, die *Umset-*

zung bzw. *Einsetzung* festgelegter Konzepte, Prozesse und Strukturen in einem bestimmten System unter Berücksichtigung seiner Regeln und Ziele zu bezeichnen. Das überaus hässliche Hauptwort *Implementierung* ist eine der Lieblingsvokabeln des technokratischen Unmenschen, der seine Matrix gern in vorhandene Institutionen einbringt und schließlich *implementiert*, sprich *real* werden lässt. Das ist dann meistens der Beginn eines kompletten Umbaus der vorgefundenen bzw. gewachsenen Struktur. Mittlerweile wird aber überall *implementiert* und damit umgebaut. Nicht zu verwechseln mit *Implantat*, das hier nicht behandelt werden kann.

Indikator

Dieses laut DUDEN mit *Merkmal, das etwas zeigt* bzw. *Anhaltspunkt* übersetzte Wort ist im technokratischen Universum nicht wegzudenken, denn der Unmensch sucht überall nach *Indikatoren* für das, was er für seine komplette Welt hält. Und so schwirren alle möglichen ökonomischen Indikatoren durch die Medien, volkswirtschaftlich z. B. die Anzeichen für eine Eintrübung oder eine Besserung der Konjunktur, betriebswirtschaftlich als messbare → Kennzahlen über den Zustand eines Unternehmens oder einer Organisation. Dementsprechend gibt es in den ökonomischen Theorien *Früh- und Spätindikatoren*, *Preisindikatoren* oder auch *Präsenzindikatoren,* die die aktuelle wirtschaftliche Lage anzeigen sollen. In der Chemie dient ein Indikator zur Beobachtung eines Stoffes oder Gerätes. Unsterblicher Schulstoff: Der *Lackmustest* als *Indikator.*

Innovation

Dieses Substantiv ist vom lateinischen Verb *innovare* (erneuern) abgeleitet und bedeutet nichts anderes als *Erneuerung*. Da nahezu jeder an Neuerungen interessiert ist, ist das Wort positiv besetzt. In die Wirtschaftswissenschaft ist es durch Joseph Schumpeters Theorie der Innovationen eingeführt worden, das ist umso bemerkenswerter, als dieser Autor auch die »schöpferische Zerstörung« als grundlegend für die kapitalistische Produktionsweise beschrieben hat. Schumpeter betrachtete den Kapitalismus durch die inhärenten Widersprüche seines Erfolgs als im Grunde nicht überlebensfähig, sondern durch die permanente Zerstörung seiner eigenen Produktionsbedingungen als stets gefährdet. So führen produktionsnotwendige Rohstoffe und deren endgültiger Verbrauch ebenso zum Ende ganzer Branchen wie die Märkte bereinigende Preiskonkurrenz und die strategische Bekämpfung der Konkurrenten untereinander. Jede ökonomische Entwicklung baut somit auf dem Prozess einer schöpferischen bzw. kreativen Zerstörung auf, und durch die Zerstörung vorhandener Strukturen werden die Produktionsfaktoren immer wieder neu arrangiert. In Schumpeters Worten liest sich das so: »Aber keine Therapie kann den großen wirtschaftlichen und sozialen Prozeß der Deklassierung von Betrieben, Existenzen, Lebensformen, Kulturwerten, Idealen hindern, der in der Wirtschaft des Privateigentums und der Konkurrenz das notwendige Komplement immer neuen wirtschaftlichen und sozialen Auftriebs und immer steigender Realeinkommen aller Kategorien von Wirtschaftssubjekten ist« (Schumpeter 1934, S. 369). Der Hintergrund des Begriffes »Innovation« ist also durchaus der, dass Überliefertes, Bestehendes zerstört bzw. durch

Neuerungen ersetzt wird. Eine Konsumgesellschaft kann sicherlich nicht nach anderen Prinzipien handeln, sie basiert auf der ununterbrochenen Entwicklung neuer Produkte, auch wenn wir bei so vielen Dingen erleben – von der Software bis zur Glühbirne –, dass viele frühere Produkte besser waren als ihre angeblichen »Innovationen«. Auch in Politik und Gesellschaft wird das Wort als Kampfbegriff für oft fragwürdige Reformen eingesetzt. Es kann mittlerweile immer auch als Drohung angesehen werden, wenn jemand von *Innovation* spricht. Viele Publikationen in diesem Gebiet liefern zudem mit Begriffen wie »Innovationsmanagement« oder »systemische Innovation« weitere Munition für technokratische Allmachtsphantasien (vgl. z. B. Müller-Prothmann/Dörr 2011 und Gassmann 2012).

Inspiration

Aus dem lateinischen *inspiratio* (das Einhauchen, die Eingebung) wurde das Wort im 17. Jahrhundert entlehnt, das Verb *inspirare* beinhaltet die Bedeutungen von *hineinblasen, einhauchen, begeistern*. Hierbei wird die Vorstellung deutlich, dass ein (immaterieller) *Geist* von einer Person aufgenommen werden kann, eine verweltlichte Vorstellung davon, dass der *Heilige Geist* über oder in jemanden zu gelangen vermag. Ein Wort, das die Genieästhetik des 18. und 19. Jahrhunderts bereicherte und auch »künstliche« Ursachen für seine Wirkung mit einbezieht; im 19. Jahrhundert werden hieraus Erfahrungen aus Grenzbereichen oder auch Experimente mit Drogen. Drogenkonsum als Inspirationsquelle ist dabei eines der Klischees, die das Bild des modernen Künstlers geprägt haben: »Gedanken über das Verhältnis von Rausch und Produktion. Obwohl sie sich zur gleichen Zeit ausschließen, sind sie doch aufeinander angewiesen wie Entdeckung und Beschreibung, wie Exploration und Geographie. Im Rausche dringt der Geist weiter und abenteuerlicher, unmittelbarer vor. Er sammelt Erfahrung im Grenzenlosen ein. Ohne solche Erfahrung ist keine Poesie« (Jünger 1994, S. 270).

Der abstinente Künstler, der auf künstliche Inspirationsquellen verzichtet, stellt seit Beginn der Moderne eher die Ausnahme dar, und auch die heutige Variante der Genieästhetik – der Künstler als Popstar bzw. der Popstar als Künstler – verwendet Drogen zur Inspiration und Imagebildung. Vermutlich wären die markantesten Werke des Pop wohl nicht ohne die Verwendung mental wirkungsvoller, inspirierender Substanzen möglich gewesen.

Inspirationsquellen sind heute nicht nur verfügbar in Form unterschiedlichster Reizangebote, sondern sie werden auch medikamentös hergestellt, zum Beispiel durch das verbreitet praktizierte, drogenbasierte Hirndoping. In den westlichen Industrienationen, in denen das Leistungsprinzip sich als in pathologischer Weise grenzenlos ausweist, kennzeichnen Modedrogen wie Kokain und Amphetamin das Tempo der heutigen Zeit. Die Drogen potenzieren Gefühle von Geschwindigkeit, Macht, Kontrolle und Unbesiegbarkeit – zentrale Werte der heutigen Wirtschaft. Drogen inspirieren, sie unterstützen Ausdauer und Arbeitsfähigkeit, und sie kommen dem Ausleben immer wieder neu ausgelöster Reize entgegen. Darüber hinaus wird ein synthetisch gestärktes Selbstbewusstsein erzeugt, dass vorübergehende oder andauernde Instabilitäten zumindest eine Zeit lang kompensieren kann.

In Zeiten der Herrschaft des technokratischen Unmenschen ist die Inspiration selbstverständlich Grundlage für psychologische Techniken aller Art geworden, von der inspirierenden Umgebung für Mitarbeiter und Kunden bis allezeit inspirierten → Eliten, die uns in eine verheißungsvolle Zukunft katapultierten, wenn wir sie doch nur ließen. So findet sich bei der weltpolitisch ausgerichteten Beraterfirma *McKinsey* in einem *Sheet* zum *Customer Excitement* der überaus wichtige Hinweis: »Inspiration durch außenstehende Experten ist eine weitere bewährte Technik, um Wow-Erlebnisse zu entwickeln« (http://www.mckinsey.de/downloads/publikation/akzente/2010/akzente_1003_16.pdf), und bei deren religiös ausgerichteter Konkurrenz von *Scientology* taucht das formulierte Ziel auf, »zusammenzuarbeiten und als Inspiration für andere zu dienen«. Es gibt auch eine Firma, die sich den Namen *Inspiration Inc.* zugelegt hat, und die in den USA einen Großteil der Schulen mit ihren Produkten beliefert. Sie selbst definiert sich als »Leader in Visual Thinking and Learning«. Hierbei stellt sich allerdings die Frage, was von solchen und ähnlichen *Companies* alles eingegeben, eingehaucht und eingeblasen wird.

Kennzahlen

Dieser verhältnismäßig neue Begriff ist in den aktuellen DUDEN-Ausgaben bereits vorhanden. Das aufgeführte Beispiel einer Kennzahl »für die Rentabilität eines Betriebes« deutet schon darauf hin, dass wir es hier mit einem Begriff aus der Betriebswirtschaftslehre, genauer gesagt, dem Qualitätsmanagement zu tun haben, der bereit ist, in andere Lebenswelten einzudringen. In der

Elektronik, der Messtheorie sowie der Statistik findet der Begriff auch Anwendung, allesamt Disziplinen, die ein besonderes Betätigungsfeld für den technokratischen Unmenschen bieten. Kennzahlen dienen der quantitativen Messung einer Größe, eines Zustandes oder eines Prozesses. Sie werden heute nicht nur in Unternehmen, sondern auch in Institutionen eingesetzt, um deren Wirtschaftlichkeit zu bestimmen. Da Messungen zumeist relativ sind und mit bereits bekannten Größen verglichen werden, führen Kennzahlen im wirklichen Leben nicht nur zur Reduzierung von Kosten, sondern auch zur »Freisetzung« von Personal. Besonders fatal wird es, wenn Kennzahlen, die eigentlich für Wirtschaftsbetriebe entwickelt worden sind, in völlig anders gearteten Betrieben oder Institutionen angewandt werden, wie z. B. Krankenhäusern, Schulen oder → Universitäten. In letzteren hat die Kennzahlenorientierung der letzten Jahre regelmäßig dazu geführt, dass Qualität zerstört wurde, denn weder das ärztliche Ethos noch die Arbeit von Lehrern und Professoren lässt sich präzise in Kennzahlen fassen. Dass trotzdem weiterhin damit am falschen Ort gearbeitet wird, zeigt, wie sehr das technokratische Denken und Planen versucht, seine reduzierte Sicht der Dinge auf die gesamte Gesellschaft zu übertragen.

Kohorte

Viele Begriffe, die heute verwendet werden, kommen ungefiltert aus der militärischen Sperrzone und entwickeln ein militantes Eigenleben. So Kohorte, ein Wort, mit dem unter den Studienbedingungen der technokratischen Bologna-Reform die jeweils neuen Jahrgänge von Studierenden bezeichnet werden. Dabei wird auch die Rede vom »Studentenmaterial« bemüht. Mit *Kohorte* wurde in römischen Zeiten jedenfalls der zehnte Teil einer Legion bezeichnet, der Begriff spielt heute z. B. auch in der Soziologie und der Tiermedizin eine Rolle für nach bestimmten Kriterien zusammengestellte Gruppen von Menschen oder Tieren. In der heutigen Wissenschaftslandschaft findet man den Begriff auch in sprachlich unschönen Zusammensetzungen. So hat sich das Projekt *Nationale Kohorte,* das aus einem Netzwerk deutscher Forschungseinrichtungen besteht, das vom Bundesministerium für Bildung und Forschung und der Helmholtz-Gemeinschaft gefördert wird, einer groß angelegten Langzeit-Bevölkerungsstudie gewidmet, um Ursachen von Volkskrankheiten aufzuklären, Risikofaktoren zu identifizieren und Möglichkeiten der Früherkennung von Krankheiten zu identifizieren. Rund 200 000 Menschen aus ganz Deutschland werden in dieser (Kohorten-)Studie untersucht und nach ihren Lebensgewohnheiten befragt. Freilich wird daraus eine unermessliche Datensammlung entstehen.

Kompetenz

Das seit dem 17. Jahrhundert gebräuchliche, aus dem Lateinischen *competentia = Zusammentreffen* abgeleitete Wort findet vor allem in den Bedeutungen von *Zuständigkeit* oder *Befugnis* Verwendung. In der Bildungsdebatte seit den neunziger Jahren markiert es einen einschneidenden Paradigmenwechsel, und zwar die Ersetzung des Bildungs- durch den Kompetenzbegriff. Das klingt erst einmal wenig dramatisch, bei genauerem Hinschauen entdecken wir anhand dieses Wortes eine der wesentlichen Strategien des technokratischen Unmenschen: Der Umbau des Erziehungs- und Bildungssystems ist einerseits ideologisch von großem Vorteil, weil damit Menschen zugerichtet werden können, und außerdem lässt sich für die entsprechenden Netzwerke und Unternehmen noch sehr viel Geld verdienen, wenn nämlich die entsprechenden »Reformen« auf den Weg gebracht werden, die Agenturen und Beraterfirmen für die Bewertung und Umsetzung von *Kompetenzen* nach sich ziehen. Dabei erstaunt, auf welch dünnem gedanklichen Eis die Wende zur Kompetenzorientierung im Bildungswesen geplant und durchgeführt werden konnte, ein verbreitetes aktuelles Lexikon der Pädagogik muss in bemerkenswerter Offenheit folgendes feststellen: »Der Begriff ist [...] in den Sozialwissenschaften gegenwärtig nicht im Konsens definiert. Die einige Zeit in der Erziehungswissenschaft dominierenden Figuren (die Unterscheidung z. B. von Fach-, Sozial- und Methodenkompetenz) haben keine allseitige Anerkennung gefunden« (Tenorth/Tippelt, Hg., 2007, S. 413). Trotzdem ist der Begriff mittlerweile in aller Munde, von den Bildungspolitikern bis zu den Eltern und Lehrern. Woher kommt also seine besondere Qualität, wenn er sich wissenschaftlich selbst in der Pädagogik nicht eindeutig begründen lässt? Ein weiterer Blick in besagtes Lexikon klärt einiges: »Jenseits dieser Klassifizierungen bezeichnet *Kompetenz* offenbar im Konsens fachbezogene und fachübergreifende Fähigkeiten und Fertigkeiten zur Lösung bestimmter Probleme. Kompetenzen bilden ebenfalls die Basis für die Formulierung von Bildungsstandards und umfassen in dieser Beziehung auch die Motivation sowie die soziale und volitionale Bereitschaft zur Nutzung dieser Problemlösungsstrategien (im Anschluss an F. E. Weinert)« (a.a.O., S. 413f.). Letzterer wird immer wieder zitiert, wenn es um den Kompetenzbegriff geht. Kompetenz wird dort vollendet als »Verfügbarkeit allgemeiner Problemlösungsstrategien« (Weinert 2001, S. 27) definiert. Rasch wird klar, dass ein solches Verständnis von Kompetenz dem Begriff der → Bildung entgegensteht. Es geht damit um die Erlangung nutzbarer Fähigkeiten, die eine enggeführte Vorstellung von Pädagogik mit sich führt, der vor allem Normierung, Standardisierung und Kontrolle wichtig ist. Selbst der Begriff des »Wissens« spielt hierbei eine untergeordnete Rolle, weil es auch nicht um das fachlich besondere Wissen geht, sondern um allgemeine und vor allem verallgemeinerungsfähige *Kompetenzen*. Begibt man sich tiefer in die Kompetenz-Problematik, kommen bemerkenswerte Zusammenhänge ans Licht, zum Beispiel, dass der für die Kompetenzorientierung zentrale Grundsatz »Das Wissen muss ein Können werden« einen prominenten historischen Vorläufer hat, nämlich den preußischen General und Militärtheoretiker Carl von Clausewitz, der genau diesen Satz im frühen 19. Jahrhundert in seiner Schrift »Vom Kriege« formuliert hatte (vgl. v. Clausewitz 2004, S. 73). Dass solche Sätze gerade in unserer Zeit wieder aktuell werden – wir dachten ja schon, den preußischen Militarismus ganz überwunden zu haben –, passt zum Regime des technokratischen Unmenschen. Und so finden wir konsequenterweise, und damit der Kreis sich schließe, eine von der *Boston Consulting Group* herausgegebene Schrift mit dem Titel »Clausewitz. Strategie denken« (BCG, München 2008). Es ist beunruhigend, dass sich im Zuge dieser und ähnlicher bildungspolitischer Veränderungen unterschwellig militaristische Elemente eingeschlichen haben, die auch noch als interessant erachtet werden. Nicht vergessen werden sollte, dass z. B. an unseren Hochschulen verbreitet

»Stabsstellen« die Reformen umsetzen, und die jeweiligen Jahrgänge von Studierenden als → »Kohorte« bezeichnet werden etc.: »Diese Beunruhigung lässt sich an dem hier skizzierten Paradigmenwechsel vom Wissen zum Können ablesen, mit dem nicht nur Führungskräfte hervorgebracht werden sollen, sondern mit dem über den Begriff der Kompetenz ein Regime der Subjektivierungen generiert wird, das andere Optionen kategorisch ausschließt – das also aufs Subjekt als Ganzes zielt und insofern totalitär genannt werden kann« (Gunia 2012, S. 6). Der Kompetenzbegriff ist auch insofern totalitär, als er – gemäß der zitierten Definition Weinerts – auch auf die Motivation und den Willen des Subjektes zielt, womit eine der großen Errungenschaften der Aufklärung – die »Selbstbestimmung« – zurückgenommen und durch ein Subjektverständnis ersetzt wird, das von der *Prägung* durchdrungen ist: »Das Subjekt des Lernens wird zum Objekt der Kompetenzplaner. Die psychologische Kompetenztheorie nach Weinert und die sich auf diese Quellen berufenden Bildungsstandards sind nicht nur inkompatibel mit dem, was bisher Bildungstheorie ausmachte. Sie stehen ihr entgegen. Kompetenzschulung bildet den Menschen nicht, sondern sie *modelliert* den Menschen« (Ladenthin 2011, S. 3). Der vielerorts festgestellte »bildungspolitische Paradigmenwechsel« vom Bildungsbegriff hin zum Kompetenzbegriff stellt also eine technokratische Verengung dar, denn mit → Bildung ist immer auch Nicht-Messbares, Unerwartetes und Sich-Entziehendes verbunden, das überhaupt nicht im Kompetenzbegriff aufgeht. Kompetent sein kann sicherlich auch der Barbar, bedeutende kulturelle und künstlerische Hervorbringungen aber als *kompetent* zu bezeichnen, wäre barbarisch.

Kreativität / Kreativwirtschaft

Das aus dem Lateinischen *creatio = Wahl* beziehungsweise *creator = Erzeuger, Schöpfer* im Englischen entwickelte Wort *creativity* stellt eine Verkürzung dessen dar, was im deutschen Sprachraum im Zuge der Genieästhetik gegen Ende des 18. und zu Beginn des 19. Jahrhunderts mit dem Begriff des *Schöpferischen* bezeichnet wurde. Im Lateinischen wird *creare* im Sinne von *etwas neu schöpfen, etwas erfinden, etwas erzeugen, herstellen* und *auswählen* verwendet. Mag der – angelsächsisch gewendete – Begriff weniger schwülstig und aufgeladen daherkommen, so hat sich *creativity* spätestens im 21. Jahrhundert als technokratisch aufgeladenes Wort erwiesen. Im Gegensatz zu *kreativ* wirkt das Adjektiv *schöpferisch* heute bereits nostalgisch, doch es markiert auch die Fallhöhe einer Vorstellung vom Menschen, die in der Entwicklung der Moderne und ihrer zunehmenden »Ausdifferenzierung« vom Schöpferischen zum Kreativen geführt hat. In der heutigen »Kreativwirtschaft« bestehen die meisten Beschäftigungen im Eingeben von Zeichen und in der Betrachtung von Objekten, die auf Benutzeroberflächen erscheinen. Ein Glück, wenn man den digitalen Geräten etwas entlockt, was in ihnen oder in ihrer Software als → Potenzial besteht und das es möglicherweise vorher noch nicht gab. Das wäre dann »kreativ«.

Die Annahme, dass mit dem Begriff der Kreativität andere Bedeutungen verbunden sind als mit dem des Schöpferischen, findet einige Argumente: *Kreativität* bezieht sich auf andere Kontexte als die, die mit dem Begriff des Schöpferischen in Verbindung stehen. Kreativ sein kann die Managerin, die eine neue »Firmenphilosophie« entwirft, ebenso wie der Florist, der ein schmückendes Blumengesteck bindet, aber sind die beiden in den skizzierten Fällen auch schöpferisch? Das würde zumindest etwas hoch greifen, denn bei Handlungen, die einen Zweckzusammenhang verfolgen, verwenden wir diesen Begriff in der Regel nicht.

Das Schöpferische steht für uns in einem anderen Zusammenhang, der einerseits deutlich mit religiösen, andererseits mit künstlerischen Motiven zu tun hat. Hier zeigt sich eine lang währende Tradition dieses eng mit biblischen Motiven verbundenen Begriffes, der im Zuge der Entwicklung eines autonomen Künstlertums auch für künstlerische Werke Verwendung gefunden hat. Wörter mit dem Stamm »Schöpfer« bzw. »Schöpfung« werden bis heute in einem positiven Sinn verwendet, eine Ausnahme bildet die »Erschöpfung«. Ergebnisse des Schöpferischen sind das Neue, Frische, Unverbrauchte, das Perspektiven beinhaltet und unsere Aufmerksamkeit erregt.

Das griechische Wort für Schöpfung, »Genesis«, das auch in den lateinischen Bibelübersetzungen verwendet wird, beinhaltet eine Vielzahl von Bedeutungen, nämlich der *Ursprung, die Entstehung*, das *Werden*, das *Geschlecht*, die *Produkte der → Kunst*, das *Geschaffene* und auch die *Geschlechtsteile*. All diese Bedeutungen schwingen noch mit, wenn wir vom Schöpferischen sprechen, und die entscheidenden Momente unserer Existenz finden in den Ausdehnungen dieses einzigartigen Begriffs statt. Der Begriff der *Kreativität* ist weitaus enger gefasst, und er wird heute vielfach als Eigenschaft von Personen, Gruppen oder Organisationen verstanden, die mit *Kreativitätstechniken* gefördert werden kann, was voraussetzt, dass bestimmte Kriterien zur Bestimmung von Kreativität identifiziert werden können. Tatsächlich hat sich die Kreativitätsforschung seit den sechziger Jahren des 20. Jahrhunderts in zahlreichen Untersuchungen vor allem damit beschäftigt, Kriterien festzulegen, die den kreativen Menschen als solchen erkennbar machen (vgl. Getzels und Jackson 1962). Dass hierbei die »Hochbegabten« im besonderen Fokus stehen, ist nachvollziehbar, gehen solche Studien doch vor allem auch in die Richtung, die Frage beantworten zu können, durch welche Maßnahmen zukünftige → »Eliten« geformt werden können. Die sprunghafte Entwicklung der Hirnforschung bietet überdies die Möglichkeit, Areale des Gehirns bei kreativen Aktivitäten mittels bildgebender Verfahren zu lokalisieren. In aktuellen Forschungen wird dabei vor allem auch die Frage untersucht, wie das Gehirn in solchen Prozessen Informationen verarbeitet, so dass eine Definition von Kreativität auch im Sinne der »Neukombination von Informationen« (vgl. Holm-Hadulla 2011) vorgenommen wird. Die Kreativitätsforschung ist durchgängig von einem technokratischen Begehren gekennzeichnet, und sie ist sicherlich auch deshalb so erfolgreich, weil ihre Ergebnisse eine baldige wirtschaftliche Verwertung versprechen.

Der seit Ende der 90er Jahre verbreitete Begriff der *Kreativwirtschaft* wird für eine Wirtschaftstätigkeit verwendet, die vor allem mit urheberrechtlich geschützten Produkten zu tun hat. Das Kulturministerium Großbritanniens spricht sogar von *Creative Industries*. Diesem instrumentellen Verständnis von Kreativität ist mittlerweile auch die → Kunst ausgesetzt. Lässt sich das »Schöpferische« nicht auf messbare »kreative Prozesse« reduzieren, so begibt sich doch auch die heutige Kunst immer mehr in Richtung ihrer Aufhebung in der Unterhaltungsindustrie und ihrer Steuerung durch die Kreativwirtschaft, die wenig zimperlich vorgeht und vom nicht versiegenden Strom junger Kunsteleven lebt, die sich, angetrieben von konsequent gepflegten Glamour-Versprechen, auf den steinigen Weg begeben haben. Ihre Ökonomisierung ist weit vorangeschritten, und da sie zum zeitgenössischen Lifestyle untrennbar gehört, ist sie besonders anfällig dafür, in den Dienst genommen zu werden und zur Erzeugerin von Aufmerksamkeit für andere als künstlerische Zwecke zu dienen (→ Kunst): »Die Zukunft des Kunstsystems lässt sich deshalb leicht voraussagen: Es liegt in seiner Fusion mit dem System der größten Vermögen. Es verspricht diesem eine glanzvolle exhibitionistische Zukunft und sich selbst den Übergang in die Dimension des Fürstlichen« (Sloterdijk 2009, S. 689). Das *Schöpferische* wird darin keine genuine Rolle mehr spielen und kann schließlich restlos durch das *Kreative* ersetzt werden.

Kunst

Der Begriff der Kunst führt bereits eine enge Beziehung zur Technik mit sich, geht er doch auf das griechische Wort *techne* zurück, wodurch historisch bereits ein auf die Herstellung und das Machen fokussiertes Verständnis zum Ausdruck kommt. Stand in früheren Jahrhunderten die Herstellung eines Werkes und damit der Aspekt des *Könnens* im Zentrum künstlerischer Arbeit, so hat sich seit der Moderne die Bedeutung der Kunstinstitutionen als für die Fortsetzung von Kunst entscheidend erwiesen.

Die Position der Künstler zur Kunstinstitution kann heute nicht von dem grundlegenden Widerspruch befreit werden, mit der kritischen künstlerischen Arbeit die Reproduktion der Institution innerhalb des Kunstfeldes mitzuerzeugen. Auch die kritischste Ausstellung, die widerständige künstlerische Attitüde, die provokativste Geste trägt zur Selbst-Reproduktion des Kunstfeldes und seiner Institutionen bei. Aus dieser Logik kommen heute weder die künstlerischen Arbeiten noch die Künstlersubjekte heraus. Die Rolle, die die Kunst dabei spielt, ist zweischneidig, denn sie wird zunehmend zum strategischen Element der Gewinnung von → Reputation und zum Lieferanten für »innovative« Methoden, die dann in anderen Zusammenhängen sowie zum Umbau der Gesellschaft – siehe »prekäre« Arbeitsverhältnisse – verwendet werden können.

Für die Kunst ist es deshalb fatal, dass die Techniken des Controllings mehr und mehr die Kunstinstitutionen bestimmen. Überall in den Kunst- und Kulturinstitutionen beobachten wir Output-Orientierung, Konzentration auf repräsentative Namen, Markenentwicklung. Um sich erfolgreich auf dem Kunstmarkt behaupten zu können, sind deshalb für Künstler Anpassungen an diese institutionellen Anforderungen unabdingbar, andernfalls tauchen sie nicht als ernstzunehmende Größen auf. Für die Kunstentwicklung ist dies aber langfristig eine kontraproduktive Entwicklung, denn das »Betriebssystem« liefert bereits Aspekte der Produktion von Kunst mit, die nicht mehr in der Hand der Kunstproduzenten liegen.

Was heute im Kunstfeld sichtbar werden kann, ist bereits in das System integriert. Alle autonomen Zonen sind entweder im Mainstream aufgegangen, oder sie existieren in den Vorstellungen und Diskursen derer, die die heutige Gegenwartskunst verwalten, aufführen und begutachten, nicht als »avancierte« Kunst und werden dementsprechend abgewertet, z. B. dem Kunstgewerbe zugerechnet. Dabei wird manche Paradoxie eher zur Darstellung gebracht als gelöst, was kennzeichnend ist für die Verfassung von Gegenwartskunst: »Letztlich besteht die Paradoxie der Funktionslosigkeit von Kunst darin, dass sie nur aufrechterhalten werden kann, indem Künstler sich Situationen aussetzen, in denen diese Funktionslosigkeit auf die Probe gestellt wird« (Heiser 2007, S. 345).

Das Verhältnis der Kunst zu ihren Institutionen hat sich im letzten Jahrzehnt noch einmal deutlich verändert, was auch ökonomischen Bedingungen der Kunstproduktion geschuldet ist: Außer den nackten Tatsachen von Angebot und Nachfrage auf dem von Galerien bestimmten Kunstmarkt und den institutionellen Förderprogrammen bleiben Künstlern wenig andere Möglichkeiten zur Sicherung der eigenen Existenz. Von daher ist die enge Kooperation mit den Kunstinstitutionen die logische Entwicklung im zunehmend professionalisierten Kunstfeld. Dass ausgerechnet die mittlerweile über Jahrzehnte praktizierte Institutionskritik zu einer stärkeren Verschränkung von Künstlern mit den Institutionen beigetragen hat, ist einer der vielen ironischen Entwicklungseffekte des Kunstsystems, und tatsächlich bleibt die Ironie wohl das Mittel, grundlegende Widersprüche zu überspielen, worauf schon Brian O'Doherty hingewiesen hat: »Nur noch die diversen Maskierungen und unauflösbare ironische Komplikationen schützen die besten Arbeiten der neuen Kunst vor allzu glatter Aufnahme« (O'Doherty 1996, S. 136).

Kybernetik

Der aus dem Griechischen stammende Begriff wurde in der Mitte des 20. Jahrhunderts durch den amerikanischen Wissenschaftler Norbert Wiener bekannt, der eine Forschungsrichtung begründete, die unterschiedliche Systeme nach ihren (Selbst-)Steuerungsmechanismen untersuchte. Das klassische Beispiel hierfür ist ein Thermostat: Er regelt die Erwärmung des Heizkörpers nach einer bestimmten Einstellung. Ein solches einfaches kybernetisches System lässt sich auf komplexere Steuerungssysteme und Regelkreisläufe übertragen, allen solchen Systemen gemeinsam ist das klare Ziel ihrer Steuerung. Übertragen auf die Gesellschaft, besteht in allen Bereichen Regelungs- und Steuerungsbedarf, insbesondere in einer hochkomplexen Industriegesellschaft, in der große Menschenmassen existieren und enorme Anforderungen und Erwartungen an Verwaltungen gestellt werden. So erhebt die Politik beispielsweise Steuern, um damit gesellschaftliche Aufgaben finanzieren zu können und z. B. soziale Dienste zu ermöglichen. Die Steuerung z. B. mittels eines ausgeklügelten Steuersystems ist sehr anspruchsvoll, weil damit unterschiedlichste Interessen ausgeglichen werden müssen. Wenn das nicht geschieht und von den Regierten eine Gerechtigkeitslücke empfunden wird, taucht an anderer Stelle wieder Steuerungsbedarf auf. Im Prinzip besteht unsere nachmoderne Gesellschaft aus der Summe solcher Probleme der Steuerung, die wiederum neue Steuerungsmaßnahmen erzeugen. Die aktuellen Verfahren des technokratischen Unmenschen – Qualitätsmanagement → Evaluationen, → Benchmarking – sind dazu geeignet, ein lückenloses Regime der *Kybernetik* einzurichten, das in alle Lebensbereiche eindringt und ständig an den Stellschrauben dreht. Es soll mehr gesteuert werden für mehr Qualität, und es werden vorwiegend Menschen gesteuert, da diese wertsteigernd sind und Prozesse richtungsweisend beeinflussen können. Vernetzung wird dabei groß geschrieben, so dass die Akteure, die gesteuert werden, in unterschiedlichen Bereichen erfasst werden können. Ein Ende ist da nie in Sicht, alles kann immer weiter *optimiert* werden, und auch daraus leitet sich ein weiterer Steuerungsbedarf ab. Wir geraten damit durch den *Prozess der Zivilisation* (vgl. Elias 1976) in eine kafkaeske Lage: »Das griechische kybernesis bedeutet im eigentlichen Sinne die Fähigkeit, ›ein Schiff zu steuern‹, und im übertragenen Sinne ›etwas leiten, regieren‹. In seiner Vorlesung von 1981–1982 beharrt Foucault auf der Bedeutung dieser Kategorie des ›Steuerns‹ in der griechischen und römischen Welt und legte nahe, dass sie eine ganz aktuelle Reichweite haben könnte [...] Der kybernetische Gestus wird deutlich erkennbar durch eine Ablehnung all dessen, was der Regulierung entgeht, also aller Fluchtlinien, welche die Existenz in den Zwischenräumen der Normen und der Dispositive bereithält [...]« (Tiqqun 2007, S. 15f.). Gegen die ausgreifende *Kybernetik* hilft also erst einmal nur das Wahrnehmen und Bilden von Fluchtlinien.

Leistung

Im Mittel- und Althochdeutschen wird das Verb *leisten* bereits im Sinne von *befolgen, nachkommen, erfüllen, ausführen, tun* oder auch *aushalten* verwendet. Diese Verben gehen auf die Ableitung von *Leisten* mit der Bedeutung von *Spur* oder *Fußabdruck* zurück. Im heutigen Sprachgebrauch wird das Verb auch synonym mit *können* oder *schaffen* gebraucht.

In der heutigen Leistungsgesellschaft wird der Begriff vor allem in einer selektierenden Weise eingesetzt. Sinn und Zweck des Leistungsbegriffes ist es, mit Blick auf einen definierten Zustand zu messen, zu bewerten und auszuwählen. Die Betrachtung und Bewertung des Menschen aus Sicht einer technokratisch orientierten Leistungsperspektive geht unausweichlich mit seiner Unterordnung unter Mittel, Nutzen und Zwecke einher. Orientierung an *Leistung* setzt zudem die → Optimierung oder Standardisierung hinsichtlich dieser messbaren und »nützlichen« Faktoren voraus. Folglich pervertiert der Leistungsbegriff das gesamte Leben auf unserem Planeten, das gegenwärtig in effektiver Weise *vernutzt* wird.

Auffallend wird in der neoliberalen *Leistungsgesellschaft* das Ausbrennen als Krankheitssymptom, modisch als *Burn-out* bezeichnet, wenn in Folge systematischer Zwänge und dauerhafter → Optimierung der Individuen alle Leistungsgrenzen überschritten sind und das Ich sich im Zustand erschöpfter Leere zeigt. Dieser ausgebrannte Mensch kann therapeutisch wieder zu Kräften kommen, aber Psycho-Kuren gibt es nur, wenn die Leistungsfähigkeit auf dem Arbeitsmarkt wieder hergestellt werden kann. Am 29.1.2013 meldete der Deutschlandfunk: »59 Millionen Arbeitsstunden sind im vergangenen Jahr wegen psychischer Erkrankungen ausgefallen, 80 Prozent mehr als vor 15 Jahren. [...] Mit 41 Prozent sind psychische Erkrankungen inzwischen auch Ursache Nummer eins für Frühverrentungen«, und der Philosoph Byung-Chul Han führt aus: »Das erschöpfte, depressive Leistungssubjekt ist gleichsam von sich selbst zermürbt. Es ist müde, erschöpft von sich selbst, vom Krieg mit sich selbst. Ganz unfähig, aus sich herauszutreten, *draußen* zu sein, *sich* auf den *Anderen* hin, auf die *Welt* hin zu verlassen, verbeißt es sich in sich selbst, was paradoxerweise zur Aushöhlung und

Entleerung des Selbst führt. Es *verschleißt sich* in einem sich immer schneller um sich selbst drehenden Hamsterrad« (Han 2011, S. 45).

Auch in Managerschriften werden deutliche Veränderungen der Leistungskultur festgestellt, die früher auf den Messgrößen vor allem des Taylorismus basierte, »[…] der die Tätigkeiten der Arbeiter analysierte und in einzelne kleine Handgriffe zerlegte, um diese besser schulen und ausführen, aber vor allem exakter messen zu können. Dieser Tradition folgte sowohl die Gemeinkostenwertanalyse von McKinsey (Einführung 1975 in Deutschland) wie die mit Michael Hammer/James Champy Anfang der 90er Jahre beginnende Welle des *Business Reengineerings*, wo weniger ganzheitliche Geschäftsprozesse wertschöpfend geändert als eher Teilprozesse und einzelne Projektschritte ebenso akribisch zerlegt und analysiert wurden, um ein Fitzelchen mehr Leistungsfähigkeit zu erzielen« (van der Markt 2012, S. 7).

Leitbild

Das altgermanische Verb *leiten* bedeutet eigentlich *gehen* oder *fahren machen* und kommt in vielfältigen Bildungen vor, wie z. B. in *anleiten*, *einleiten*, *geleiten*, *Leitung* oder auch in Zusammensetzungen wie *Leitartikel, Leitfaden, Leithammel, Leitmotiv, Leitstern, Leitwerk*. Dagegen ist die Herkunft des deutsch-niederländischen Wortes »Bild« nicht restlos geklärt, im Mittelhochdeutschen bedeutet »bilde« *Gestalt* bzw. *Beispiel*, im Althochdeutschen »bilidi« *Nachbildung, Abbild, Muster, Beispiel, Gestalt* oder *Gebilde*. »Bild« kommt heute in vielen Zusammensetzungen vor wie z. B. *Bildhauer, bildschön, bildhübsch, Urbild, Vorbild*.

Das Kompositum *Leitbild* wurde erstmals von Ludwig Klages im Jahre 1906 in seinem Aufsatz »Das persönliche Leitbild« benutzt (vgl. Klages 1968). Er verwendete diesen Begriff, um den Ausdruck der menschlichen Handschrift an den inneren Idealen der → Persönlichkeit zu messen. Mit Eduard Spranger fand das Leitbildkonzept in den fünfziger Jahren des 20. Jahrhunderts Eingang in entwicklungspsychologische Fragestellungen und in die Pädagogik, in der Leitbilder zunächst als personifizierte Vorbilder begriffen wurden. Ab Mitte der 1970er Jahre stiegen die leitbildbezogenen Veröffentlichungen in den Sozialwissenschaften auffällig an (vgl. Giesel 2007, S. 31). Seit den 1980er Jahren wird ihr Vorbildcharakter z. B. in der Erziehung positiv konnotiert, sie gelten nun als denk- und handlungsleitende Orientierungsmuster. In der heutigen Unternehmenskommunikation sind Begriffe wie *Leitbild, Leitsystem, Leitideen,* → *Vision* durchaus Bestandteile des Total-Quality-Managements. Eine Paradoxie des neoliberalen Weltbilds besteht dabei gerade darin, dass der Individualismus zum einheitlichen zentral gesteuerten und beworbenen Leitbild erhoben wird.

In Zusammenhängen von → Bildung dienen Leitbilder traditionell als Ermutigung zu Freiheit und Autonomie, die hier aber auf das jeweilige Leitbild beschränkt bleiben. Anhand des Leitbildes einer »Persönlichkeit« wird in der »Bildung« eine Pluralität hergestellt, die formbar ist, denn es wird in den meisten Bildungskonzepten nicht von einer Pluralität ausgegangen, die erhalten werden soll, sondern vielmehr von einer Identität, die mittels des Leitbildes anzusteuern wäre.

In seiner *Parva Aesthetica* untertitelten Schrift *Ohne Leitbild* mutmaßte Theodor W. Adorno: »Das Wort Leitbild, mit seinem leise militärischen Klang, dürfte in

Deutschland erst nach dem zweiten Weltkrieg populär geworden sein« (Adorno 1973, S. 7). Der kaum unschuldige Begriff veranlasste ihn zur Wiedergabe einer Anekdote, bei der er sein Leitbild gleich mitlieferte: »Nicht minder verbürgt, wenngleich mehr der Sphäre von Witzblättern um 1910 zugehörig, ist ein Ereignis aus Ernsttal, dem Leiningenschen Besitz. Dort erschien eine Respektsperson, die Gattin des Eisenbahnpräsidenten Stapf, in knallrotem Sommerkleid. Die gezähmte Wildsau von Ernsttal vergaß ihre Zahmheit, nahm die laut schreiende Dame auf den Rücken und raste davon. Hätte ich ein Leitbild, so wäre es jenes Tier« (a.a.O., S. 27).

Marketing / Branding

Marke = *Brand*, Prozess der Markenführung = *Branding*: Ein Profil einbrennen; Besonderheiten, Einzigartigkeit und Authentizität erschaffen.

Der Begriff *Marketing* wurde erstmals Anfang des 20. Jahrhunderts in amerikanischen → Universitäten eingeführt. Erstaunlicherweise organisierte Ludwig Erhard 1935 im Namen der Nürnberger Handelshochschule, als wissenschaftlicher Assistent Deutschlands erstes Marketing-Seminar. Damals wurde das noch als »absatzwirtschaftlicher« Kurs bezeichnet. Die eigentliche Geburtsstunde des Marketings in Deutschland ist allerdings schon früher gewesen, nämlich im Jahre 1893, als Oetker das Backpulver erfand. Mit bis dahin hierzulande nicht gekannten Werbemaßnahmen, die sich an die Masse der Bevölkerung richteten, wurde den Konsumenten ein Produkt aufgedrängt, das sie bislang eigentlich nicht benötigt hatten. Mit der technischen Perfektionierung der Produktion und Distribution von Produkten gewann das Marketing im 20. Jahrhundert immer mehr an Bedeutung. Seit den sechziger Jahren gibt es die unterschiedlichsten Schulen, zudem ist ein »ganzheitlicher« Ansatz entwickelt worden, der heute so weit geht, dass Unternehmen ihre Kunden immer mehr an der Produktion und Distribution ihrer Produkte beteiligen. Es geht nicht mehr nur um den Konsum einer Ware. Eine der bizarrsten Entwicklungen unserer Zeit ist deshalb darin zu sehen, dass die Konsumenten immer mehr zur Mitarbeit bei der Konsumtion und Distribution von Waren und Dienstleistungen gezwungen werden. Bereits die Auswahl entsprechender Produkte wird heute vermarktet. Die Konsumenten kaufen beispielsweise im Internet Produkte und beschäftigen sich dabei bereits gedanklich mit den technischen Vorgaben der jeweiligen Plattformen. Sie setzen dabei ihre Lebenszeit für die Anforderungen dieser Systeme ein. Seien es das Online-Banking, das Er- und Versteigern im Internet, die elektronische Buchung von Bahn- und Flugtickets oder auch die Selbst-Einlieferung und Abholung von Paketen an so genannten »Packstationen«: Zeit und Aufmerksamkeit der Kunden werden dem Unternehmen kostenlos zur Verfügung gestellt – eine besonders unmenschliche Strategie des heutigen Marketings, da der Einzelne sich damit (un)freiwillig selbst ausbeutet. Dass solche Methoden im heutigen *viralen Marketing* enden, das insbesondere soziale Netzwerke und digitale Medien nutzt, um seine Botschaften an und in die Leute zu bringen, zeigt, wie sehr der Einsatz von Psychotechniken und die gezielte Steuerung von Menschen den Alltag in unserer Gegenwart bestimmen. Bernhard Stiegler spricht davon, dass das Marketing »zur zentralen Funktion der sozialen Entwicklung geworden ist« (Stiegler 2008, S. 28), womit es als zentrales manipulatives Machtmittel der heutigen *Kontrollgesellschaft* verstanden werden muss, mit dem Bedürfnisse und Verhaltensweisen mithilfe symbolischer bzw. emotionaler Kodes gesteuert werden.

Im weiteren Sinn kann Marketing heute als Prozess der Gestaltung und Vermarktung von Produkten, Dienstleistungen und Persönlichkeiten verstanden werden. Die neuen digitalen Technologien verschaffen dem technokratischen Unmenschen bisher ungeahnte Möglichkeiten zur Beeinflussung seiner Kunden und Adressaten.

Das strategische Hauptziel von Marken ist der Erhalt und die Verbreitung der Marke durch mediale oder personale Kommunikation. Der Wettbewerb um Aufmerksamkeit und → Sichtbarkeit bringt den Zwang zur Selbstlegitimierung mit sich, die Notwendigkeit, einen Nutzen darzustellen und diesen im Konkurrenzkampf zu behaupten. Denn Sichtbarkeit kann verstanden werden als eine »Figur der herrschenden Meinung« mit »hoher Unvermeidlichkeit« (Schaffer 2008, S. 12). Die Welt verwandelt sich in einen ununterbrochen um Aufmerksamkeit und Anerkennung buhlenden, bebilderten Werbetext.

Modul

Wortgeschichtlich geht *Modul* auf *Modell* zurück, das bereits im 16. Jahrhundert im Italienischen *modello* als eine Fachbezeichnung in der → Kunst im Sinne von *Muster, Form, Vorbild* oder *Entwurf* verwendet wurde. Die später in der Umgangssprache abgeleiteten Verben *modeln* oder *ummodeln* haben einen lateinischen Vorläufer in *modulus* = *Maßstab*, aus dem wiederum das Englische *module* entstand, das seit der zweiten Hälfte des 20. Jahrhunderts in der Bedeutung von *Bau-* oder *Schaltungseinheit* im Umlauf ist.

Dass der technokratische Unmensch gern technische Begriffe in den allgemeinen Sprachgebrauch einführt, kann an diesem Wort bewiesen werden. So wird das Wissen an unseren Hochschulen heute in *Modulen* gelehrt, die keine größeren Zusammenhänge mehr umreißen, dafür aber *anschlussfähig* zu anderen Einheiten sind. Der heutige Mensch soll nicht mehr das Ganze überblicken, sondern vor allem *modularisiert* funktionieren.

Nachhaltigkeit

Das Adjektiv *nachhaltig* ist seit dem Ende des 18. Jahrhunderts in der Bedeutung von *lange nachwirkend* unterwegs, es wurde wohl von dem sächsischen Oberberghauptmann Hans Carl von Carlowitz in die deutsche Sprache eingeführt. DUDEN Online liefert drei verschiedene Definitionen, nämlich eine »längere Zeit anhaltende Wirkung« sowie das »forstwirtschaftliche Prinzip, nach dem nicht mehr Holz gefällt werden darf, als jeweils nachwachsen kann«, und das ökologische Prinzip, »nach dem nicht mehr verbraucht werden darf, als jeweils nachwachsen, sich regenerieren, künftig wieder bereitgestellt werden kann«. All das ist mittlerweile in der Alltagskommunikation angekommen, und viele Unternehmen und Institutionen haben sich den Begriff der *Nachhaltigkeit* auf ihre Fahnen geschrieben. So findet sich beispielsweise auf der Website eines bekannten Herstellers für Outdoor-Produkte folgende

Formulierung: »Als EMAS-zertifiziertes Unternehmen veröffentlichen wir jährlich einen Nachhaltigkeitsbericht. Von der Unternehmensphilosophie über die Organisation der Nachhaltigkeits-Themen im Unternehmen bis zum VAUDE Green Shape Produkt – hier wird alles genau erklärt. Hier findet sich auch die Übersicht über unsere aktuellen Umweltziele.« Trotzdem musste das Unternehmen nach einer Kampagne von *Greenpeace,* die auf gefährliche Chemikalien in Outdoor-Bekleidung hinwies, einräumen, dass nicht alle Produkte frei von gefährlichen Substanzen seien, sondern dass die Rückstände in den Ländern, in denen sie hergestellt werden, zu toxischen Anreicherungen z. B. in Böden und in der Nahrungskette geführt hätten. Das Unternehmen reagierte u. a. mit folgendem Argument: »Obwohl wir intensiv daran arbeiten, existieren im Gegensatz zu Membranen auf dem Markt momentan nach wie vor leider keine PFC-freien DWR, die eine gleichwertige Wasser-, Öl- und Schmutzabweisung beim Endprodukt bieten« (vgl. http://www.vaude.com/ Stellungnah me-zu-Detox/, Februar 2013). Für ein mittelständisches Unternehmen ist es unter den globalen Produktionsbedingungen bei allem ernsthaften Bemühen, was der zitierten Firma hier ausdrücklich bescheinigt werden soll, schwer möglich, die Produktkette vom Anfang bis zum Ende präzise zu verfolgen und die eigenen Maßstäbe konsequent umzusetzen. *Nachhaltigkeit* stößt also in der globalen Ökonomie deutlich an ihre Grenzen, und die ökologische Insel der Seligen bleibt wohl im Zeitalter der Totalverschmutzung unseres Planeten eher ein Wunschtraum. Darüber hinaus wäre die Frage zu stellen, warum diese Produkte dennoch weiter produziert werden, warum sollen also schmutz- und wasserabweisende Jacken, die wir dann womöglich in der Stadt tragen, in unserem Optimierungs- und Luxuswahn Umwelt und Gesundheit beeinträchtigen? Der Begriff *Nachhaltigkeit* beinhaltet eben auch die Qualität einer Gewissensberuhigung von Konsumenten, so, wie wir das auch schon vom »Bio«-Anspruch her kennen, bei dem häufig ausgeblendet wird, ob es Supermarkt-Bio ist, das in China oder Ägypten unter schlechten Arbeits- und Umweltbedingungen großflächig produziert wird, oder »Bioerdgas«, für das Monokultur und Flächenvergiftung betrieben wird. Das Paradigma *Nachhaltigkeit* ist also keineswegs unproblematisch, weil es die strukturellen Ursachen der »ökologischen Krise« nicht tief genug betrachtet und stattdessen mit neuen Produkten und Verhaltensweisen der Konsumenten die Krisen-Auswirkungen abzumildern versucht. Auch im historischen Rückblick erweist sich der Nachhaltigkeitsbegriff als doppelbödig: »Die Etablierung einer Nachhaltigkeit der Waldnutzung über Generationen hinweg war nur um den Preis der Reduktion des Waldes auf das Holz möglich. Dies ist die Schattenseite des historischen Nachhaltigkeitsprojekts der deutschen Forstwirtschaft« (Winkel 2013, S. 45).

Insbesondere in der → Bildung sollte der Begriff Nachhaltigkeit deshalb kritisch befragt werden, so führt z. B. Jürgen Hasse aus: »Das Leitziel ›Nachhaltigkeit‹ hat die Umweltbildung zu einer bildungspolitischen Konsensmaschine weichgespült« (Hasse 2006, S. 29). Der Autor versteht ökologische Probleme als politisch-ökonomische, die sich letztlich in einer langen historischen Entwicklung als Ergebnis eines an Macht und Herrschaft orientierten anthropozentrischen Menschenbildes und seiner fatalen Trennungen – z. B. von Vernunft und Gefühl – nachzeichnen lassen (a.a.O., S. 33f.). Noch drastischer fasst eine Gruppe französischer Autoren diesen Zusammenhang zusammen: »Man hat unsere Väter angestellt, um diese Welt zu zerstören, jetzt will man uns an ihrem Wiederaufbau arbeiten lassen, und dass dieser noch dazu rentabel sei. [...] Kein Zweifel mehr: Grün liegt in der Luft; die Umwelt wird zum Dreh- und Angelpunkt der politischen Ökonomie des 21. Jahrhunderts. Zu jedem Schub von Katastrophismus gehört nunmehr eine Ladung ›industrieller Lösungen‹« (Unsichtbares Komitee 2010, S. 55).

Da der technokratische Unmensch *Nachhaltigkeit* als geländegängiges und einsetzbares Schlagwort entdeckt hat, mit dem man alle möglichen sozialen und wirtschaftlichen Strategien betreiben kann, die den Erhalt des Status quo auf »grünem« Wege gewährleisten, ist bei diesem Begriff also besondere Aufmerksamkeit geboten. Ohnehin ist der Begriff veraltet, wer es in ökologischen Fragen ernst meint, kommt nicht umhin, sich mit der *Postwachstumsökonomie* zu beschäftigen (vgl. Paech 2012).

Netzwerk

Bereits im Mittelhochdeutschen wurde *Netze* in der Bedeutung von *Geknüpftes* verwendet. Das Wörterbuch der Gebrüder Grimm nennt ein »aus weiten Maschen bestehendes Gestrick«, welches bereits von Paracelsus verwandt wurde. Das heutige *Netzwerk* hat sich mit dem »Werk« angereichert und bezeichnet neben dem aus der Computertechnik bekannten Begriff für den Zusammenschluss von Rechnersystemen auch das, was früher als »Seilschaften« bezeichnet wurde, nämlich einen Zusammenhang von Personen, die ein entschiedenes gemeinsames Interesse verfolgen. Im Englischen klingt es als *networking* humaner, weil darin noch der Faktor Arbeit enthalten ist und nicht das Ergebnis.

In der Soziologie und Psychologie wurde der Begriff auch als *Soziales Netzwerk* ausgearbeitet. Er wird allgemein als Bezeichnung für unterschiedliche Formen privater oder öffentlicher Kooperation verwendet.

Das *Netzwerken* spielt im heutigen Berufsleben eine wichtige Rolle, ohne Kontakte und Verbindungen läuft nichts mehr, egal in welchem Zusammenhang man sich auch bewegen mag. Dass die digitale Technologie auf allen Ebenen *Vernetzung* betreibt, freut nicht nur die Konzerne, die die entsprechende Hard- und Software anbieten und ihre User langfristig an das jeweilige Unternehmen binden wollen, sondern selbstverständlich auch den technokratischen Unmenschen, der nicht müde wird, alles mit allem zu *vernetzen*, damit ihm nichts durch die Maschen geht.

Neuausrichtung

»In der Mitte dieses zusammengesetzten Wortes steckt das ›Rechte‹ darin. ›Richten‹ heißt: das Rechte oder das Recht finden, die ungestalten und wirren Dinge der Welt ins Maß, ins Lot, in die Reihe bringen.« So wird das Wort Ausrichtung in »Aus dem Wörterbuch des Unmenschen« eingeführt (vgl. Sternberger/Storz/Süskind 1962, S. 17). Es ist ein unheimliches Wort, denn derjenige, der es beansprucht, wähnt sich sowohl auf der Seite des Rechts wie auf der des Richtens. Da kommt ein Kommandoton auf, der erwartet, dass andere sich einreihen bzw. einfach nur folgen. *Neuausrichtung* ist eines jener fatalen neoliberalen Wortungetüme, die vor allem dazu eingesetzt werden, vorhandene Strukturen durch als »Reformen« getarnte Übernahmestrategien zu ersetzen oder zu zerstören. Mit der Verheißung des Neuen wird das Wort eingesetzt, um Sympathien zu wecken, doch unter der Hand geht es um Rationalisierungen oder um feindliche Übernahmen. Da heute die »Ausrichtung« wohl nicht mehr ausreicht, um Respekt einzuflößen, wurde ihr ein »Neu« vorangestellt. Hier ist der Rückblick erhellend: »Als ›weltanschauliche Ausrichtung‹, ja sogar als ›innere Ausrichtung‹ ist dieser Klumpen in der Hand des Unmenschen so hart geworden, daß er sich schlechterdings in gar keiner Weise mehr auflösen läßt« (a.a.O., S. 18).

Optimierung

Der DUDEN gibt sich recht wortkarg bei diesem Begriff, der im Zentrum der neoliberalen Welt-Übernahme steht. Er führt gegenwärtig lediglich die Bedeutung *optimal gestalten* auf, was den Begriff nahezu rettet, denn wer möchte nicht das, was er bearbeitet, auch optimal gestalten? In der Online-Ausgabe des DUDEN finden sich aussagekräftige Hinweise auf das »Optimieren« sowie das »Optimiertwerden«, womit wir dem Wort näher kommen, denn unter den Bedingungen eines durchweg in alle Lebensbereiche regierenden Marktes wird die *Optimierung* zu einer Daueraufgabe und Daueranforderung aller Individuen und Organisationen. Das Subjekt gerät unter dem *Optimierungsdruck* in Dauerstress. Doping und Burn-out sind die Folgen. Um die in jedem Bereich unserer Existenz herrschenden Verhältnisse auszuhalten, greift der unter ständiger Selbst-Optimierung leidende Einzelne auf Substanzen zurück, die ihn je nach Wirkungsgrad betäuben oder anstacheln, um das Bedrängende zu bewältigen. Einerseits werden bestimmte, dem Körper abträgliche Substanzen wie z. B. Alkohol und Nikotin gesellschaftlich gestattet, andererseits stehen weitaus wirksamere Produkte zur Verfügung, die zwar illegal sind, aber insbesondere auch von den so genannten *Leistungsträgern* benützt werden. Letztere brauchen ohnehin stets den gewissen Vorsprung, der in unseren Tagen in Form eines mehr oder weniger diskreten Hirndopings stattfindet, das die feinste *Optimierung* – wie zahlreiche andere Selbsttechniken, von der Plastischen Chirurgie bis zur Psychotherapie – auf Abruf bereitstellt und garantiert.

Optionsraum

Dieser unschöne Neologismus widmet sich dem großen Thema der Handlungsfähigkeit in schwierigen Zeiten. Eine *Option* ist eine Wahlmöglichkeit bzw. ein Raum von Möglichkeiten. Die Erweiterung eines *Optionsraumes* im Sinne des technokratischen Unmenschen ist das Versprechen, welches z. B. Unternehmensberatungen verkaufen oder wie es die individuellen Coachings der Ratgeberindustrie vermitteln. Der Kern, der allen eigen ist, ist die Absicht, innerhalb einer bestimmten Struktur bzw. innerhalb bestimmter Prinzipien, die nicht zu verändern sind, Freiheiten zu ermöglichen. Das Vorstellen eines Optionsraums als Instrument bedeutet, Gesellschaften, Organisationen und Individuen Freiräume aufzuzeigen, innerhalb derer sie sich bewegen können und dürfen. Dies beinhaltet zugleich, dass diese Freiräume derart minimal sind, dass sie aufgezeigt und organisiert werden müssen. Somit gehört der Begriff *Optionsraum* zum *Freiheitsmanagement*. Das Verlangen nach immer mehr und weiter gehenden Möglichkeiten, die Sucht nach neuen Lebenswegen und -erfahrungen, nach Identitäten und Waren kennzeichnen unsere gesellschaftliche Lage. Deshalb verkaufen sich *Optionsräume* gut, weil niemals irgendetwas *genug* ist. Es gibt keine Zufriedenheit, sondern ein stetes Streben nach dem »Mehr«. Auf der institutionellen Ebene wird diese Konditionierung, die das Ergebnis einer langen geschichtlichen Einübung in die Falle des Egos ist, wirtschaftswissenschaftlich selbstverständlich als Steuerungsmittel verstanden: »Ferner wird es mit komplexer werdendem Optionsraum immer schwerer, über alle Informationen zu verfügen, um die sinnvollste Wahl innerhalb des künstlichen Systems treffen zu können. Deshalb werden die Optionsräume durch die Institutionen funktional strukturiert« (Geyer/Fenn 2001, S. 107). *Optionsräume* nicht wahrzunehmen und nicht anzunehmen, unabhängig davon, um welches Leben es sich dabei handelt, ist folglich der *selbst verschuldete Chancentod*.

Partizipation

Aus dem Lateinischen *partem capere*, was *einen Teil (weg-)nehmen* entspricht, ist dieses Wortfeld seit dem 14. Jahrhundert in unseren Breiten geläufig. Mit dem Begriff *Partizipation* wird heute ein zentraler Aspekt demokratischer Systeme bezeichnet, der eine teilnehmende Gestaltung gesellschaftlicher Prozesse sowie die Einflussnahme auf politische Entscheidungen beinhaltet. Der Begriff wird unterschiedlich ausgelegt, und er kann sich in verschiedenen Formen ausdrücken, wie z. B. in Parteien, in der Selbstorganisation oder im Protest.

Herauszustellen ist, dass *Partizipation* nicht im Begriff → *Engagement* aufgeht, da die Teilhabe von Menschen an der internen Organisation, an demokratischen Strukturen etc. unabhängig zu betrachten ist von der Beteiligung in Vereinen und Organisationen. Dass es heute hauptsächlich um »bürgerschaftliches Engagement« geht und die Teilhabe vernachlässigt wird, zeigt, dass der »aktivierende Staat« sich hinsichtlich Effizienz und Produktivität ausrichtet, Verantwortung und Risiken auf seine Bürgerinnen und Bürger verschiebt, diese aber nicht wirklich an Macht teilhaben lässt. Mit dieser – beabsichtigten – Reduktion lässt sich eine technokratische Verzerrung des Begriffes *Partizipation* feststellen, die das teilhabende Entscheiden und Gestalten weitgehend ausblendet.

Aktuelle Studien schätzen auch skeptisch ein, ob beispielsweise das Internet mehr politische Partizipation mit sich bringt: »Auf der einen Seite würde das demokratische System Deutschlands nur dann einen entscheidenden Schub politischer Teilhabe der Einzelnen erfahren, wenn gleichmäßig in allen Bevölkerungsschichten eine Mobilisierung durch das Internet feststellbar wäre. Dem ist, wie bereits festgestellt wurde, nicht so. Vielmehr wird ein Teil der bereits Bevorteilten mit dem Zutritt ins Internet politisch weiter privilegiert [...]. Besonders die Partizipationskommunikation, weithin der Motor eines demokratie-praktischen Gedankens, kann mit dem Internet bei Sicht auf die Gesamtbevölkerung vorerst keine Intensivierung erfahren« (Seifert 2012, S. 205). Außerdem stellt sich die Frage, ob wir in der heutigen »Wissensgesellschaft« mehr Teilhabe an Macht und politischer Gestaltung haben. Auch dazu gibt es eher skeptische Befunde, zumal wir in vielen Bereichen – vom Gesundheitswesen bis zur → Bildung und der Politik – eine deutliche Tendenz zur Zentralsteuerung und zu Top-down-Prozessen erleben: »Auffällig ist, dass der Diskurs um die Wissensgesellschaft mit einer anderen, breit rezipierten Forderung verknüpft ist, und zwar der Stärkung der Partizipation des Bürgers. Einher geht die Thematisierung des Wissens dementsprechend mit dem Versprechen einer weitläufigen Demokratisierung der gesellschaftlichen Ordnung [...]. Bürgerschaftliches Engagement wird so zum ›sozialen Kitt‹, der die Spaltungstendenzen der neoliberalen Transformation füllt« (Junge 2008, S. 368). Gegen das technokratische Verständnis von Partizipation muss also wieder der eigentliche Gehalt dieses Wortes gestärkt werden, der in der Teilhabe, Mitbestimmung und Gestaltung von Gesellschaft besteht.

Persönlichkeit

Das seit dem 13. Jahrhundert bezeugte Wort *Person* ist dem Lateinischen *persona* entlehnt, das unter anderem die Bedeutungen von *Maske des Schauspielers, Rolle, die durch diese Maske dargestellt wird; Charakterrolle, Charakter* trägt. »Person« bezeichnet zunächst den Menschen als Individuum, in seiner besonderen Eigenart, auch nach der Prägung des französischen *personne*, das auch im Sinne von *niemand* oder *keiner* sowie abschätzig – speziell auch für eine Frau – gebraucht wird, was auch im Deutschen z. B. als *diese Person* vorkommt. Zudem wird es im Sinne von *Figur* oder *Gestalt* z. B. in einer Dichtung, einem Drama oder einem Film verwendet, und der Begriff dient auch als Fachausdruck in der Grammatik – 1., 2., 3. Person et cetera. Unter *Persönlichkeit* wird in der Alltagssprache ein aus der Masse hervortretendes Subjekt verstanden, eine bedeutende Figur des öffentlichen Lebens bzw. allgemein ein in sich gefestigter Mensch.

Es ist liegt deshalb nahe, dass sich vor allem die Psychologie und die Anthropologie mit dem Begriff der Person befasst haben und beispielsweise zu folgendem Ergebnis kommen: »Persönlichkeitspsychologie ist die empirische Wissenschaft von den überdauernden, nichtpathologischen, verhaltensrelevanten individuellen Besonderheiten von Menschen innerhalb einer bestimmten Population« (Asendorpf 2007, S. 10). Dabei geht es durchaus um den *Normalzustand,* denn Persönlichkeit kann natürlich auch gestört sein: »Persönlichkeitspsychologie beschäftigt sich mit Normalvarianten der Persönlichkeit einschließlich verhaltensrelevanter genetischer und neuronaler individueller Besonderheiten« (a.a.O., S. 11).

In den Händen der zeitgenössischen Psychologie wird die *Persönlichkeit* zum Subjekt der Beratung, für die allerlei Lebenshilfeliteratur zur Verfügung steht. Persönlichkeit wird veränderbar bzw. zu dem veränderbaren Etwas, das richtig programmiert werden muss, um erfolgreich und glücklich zu sein. In anderen Worten: *Persönlichkeit* wird zum Kapital in der Lebenslaufwelt der ununterbrochenen Selbstoptimierung, weshalb der Begriff »Persönlichkeitsbildung« so stark verbreitet ist. Sie wird zum (Marken-)Profil der Individuen, um im Wettbewerb zu bestehen. *Persönlichkeit* muss aber, um erfolgreich zu sein, sich gleichzeitig als individuell und massentauglich erweisen. → Bildung durch »Persönlichkeit« als Konzept bedeutet eine Standardisierung, um an die Erfordernisse des Arbeitsmarktes angepasste Individuen, funktionierendes Humankapital zu generieren. Foucault hat diese neoliberale Gouvernementalität u. a.

wie folgt beschrieben: »Ich glaube, das wichtigste Kennzeichen unserer politischen Rationalität ist, dass die Integration des Individuums in eine Gemeinschaft oder in eine Totalität aus der stetigen Korrelation zwischen einer wachsenden Individualisierung und der Stärkung eben dieser Totalität resultiert« (Foucault 2000, S. 61).

Für die heutigen Führungskräfte wird Persönlichkeit immer wichtiger, Unternehmen und Produkte generieren Aspekte von »Persönlichkeit« über ihren Markenstatus, was durchaus eine konsequente Entwicklung der *Verdinglichung* darstellt. Eva Illouz hat in ihren Studien zur Veränderung des Gefühlslebens durch den Kapitalismus darauf hingewiesen, dass die amerikanische Managementtheorie bereits in den dreißiger Jahren des 20. Jahrhunderts auf die Formation von *Persönlichkeit* abzielte und die emotiven Aspekte mit der Produktionsweise sogar in entsprechenden Leitlinien verschränkte (vgl. Illouz 2009). Die aktuelle Rede von der *Persönlichkeit* ist deshalb nichts anderes als die determinierte und optimierte Projektion des technokratischen Menschenbildes als Schlusspunkt und Verzerrung des Menschenmöglichen.

Philosophie

Es soll hier lediglich darauf hingewiesen werden, dass der technokratische Unmensch mit diesem wunderbaren altgriechischen Begriff, der mit »Liebe zur Weisheit« übersetzt werden kann, schlimmstes Schindluder treibt. Insofern nämlich heute jeder drittklassige Manager die *Philosophie* seiner betrieblichen Strategie erklärt oder Fußballtrainer die *Philosophie* ihrer Taktik beschreiben, erfährt der Begriff eine Popularisierung, die ihn letztlich beschädigt. Dass er in der Zeit des heutigen medialen Overkills eine solche, seinen Sinn verzerrende Verbreitung erhalten hat, ist ein sicheres Anzeichen für die allgemeine Verrohung des Sprachgebrauchs.

Potenzial

Das Wort kam im 19. Jahrhundert auf und ist aus dem Lateinischen *potentialis,* was so viel wie »nach Vermögen« bedeutet, gebildet worden. In der lateinischen und griechischen Grammatik ist der *Potentialis* darüber hinaus die Bezeichnung für ein mögliches Geschehen, das z. B. mit dem Konjunktiv oder Optativ zum Ausdruck gebracht werden kann.

Potenzial wird heute im Sinne von *Stärke eines Kraftfeldes* oder *Leistungskapazität* verwendet. Nach Einführung der Rechtschreibreform in Deutschland, darf es auch mit »z« geschrieben werden, was ihm einen noch mitreißenderen Charakter verleiht. Im Sprachgebrauch des technokratischen Unmenschen kommt das Wort häufig vor, um zu kennzeichnen, wo die Stärken und Möglichkeiten von Personen und Organisationen liegen, und so wird in der Betriebswirtschaftslehre das *Potenzial* auch als *Produktionsfaktor* verstanden. In der Umgangssprache taucht es regelmäßig auf, z. B. bei stets nach Schnellerem, Höherem oder Weiterem strebenden Sportreportern, Talkshowmoderatoren und auch bei unseren Lehrerinnen und Lehrern in allen Bildungsanstalten, um die ihnen Anvertrauten nach noch nicht genutzten Leistungsreserven zu befragen.

PowerPoint

Ein Begriff aus dem Maschinenraum des technokratischen Unmenschen, wörtlich übersetzt bedeutet er schlichtweg nichts anderes als *Machtpunkt, -spitze, -grad oder -stelle.* Er bezeichnet das derzeit weltweit verbreitetste Präsentationsprogramm, das auf geschätzt 1 Milliarde Computern installiert sein soll. Nach Angaben der Softwareschmiede *Microsoft*, die PowerPoint entwickelt hat, finden täglich etwa 30 Millionen *PowerPoint-Präsentationen* statt, und jährlich werden auf der Welt geschätzte 100 Milliarden Folien angefertigt. Dass dieses durchaus etwas grobschlächtige, nur mit deutlichen Einschränkungen wirklich gut für Präsentationen nutzbare, andererseits mit vielen überflüssigen Funktionen ausgestattete Programm – wie z. B. »fliegenden« Schriften – so erfolgreich werden konnte, liegt sicherlich daran, dass sich mit ihm ein kognitiver Stil durchsetzen konnte, der auf die Wirkung von visuell unterlegten Argumentationen setzt. Mittels der Folien-Shows wird eine nahezu hypnotische Wirkung erzeugt, die die Aufmerksamkeit in eine bestimmte Richtung lenkt. Im Gegensatz etwa zu einem klassischen Tafelbild stehen bei einer PowerPoint-Präsentation die Inhalte und Ziele bereits fest: Sie laufen gemäß der Präsentation in einer vorher festgelegten Sequenz ab und können in der Regel nicht mehr verändert werden. Komplexe Sachverhalte werden dabei durch die Folien reduziert, zudem werden Diagramm-Darstellungen in Szene gesetzt, die durch ihre Bildhaftigkeit dann als »Realität« erscheinen. Argumentationen werden dadurch verkürzt, Zeit gewonnen, und bei eventueller Kritik kann stets gesagt werden: »Aber Sie haben doch gerade gesehen, dass…« Die Denkweise, die mit PowerPoint und ähnlichen Programmen in die Hirne geschleust wird, schafft sich ihre eigene Wirklichkeit als Realfiktion, darüber hinaus blenden solche Präsentationen stets entscheidende Aspekte aus. Sie werden als Steuerungs- und Machtmittel eingesetzt, weshalb die Betitelung des Programms absolut zutreffend ist. Die Frage ist also, wie wir vom *Machtpunkt* zur Machtspitze bzw. vom Machtgrad zur Machtstelle gelangen. Man sollte sich unbedingt dafür einsetzen, dass Bildungsanstalten nur absolut dosiert von solchen Programmen Gebrauch machen, doch das Gegenteil der Fall.

Profil

Im 17. Jahrhundert aus dem Französischen entlehnt, wo das Wort die Bedeutung von *Seitenansicht* oder *Umriss* hatte. Ursprünglich aus künstlerischen Zusammenhängen stammend, wie im Grimmschen Wörterbuch betont wird, wanderte es im Deutschen auch stark in technische Fachsprachen ein. So sprechen wir bei vielen hergestellten Gegenständen, wie Bauteilen, Reifen, Fenstern, Schuhen etc. auch von *Profilen*. Im übertragenen Sinne wird der Begriff vielfach verwendet, um eine persönliche Besonderheit oder eine ausgeprägte positive Eigenschaft zu kennzeichnen. Demgemäß werden in der heutigen Mediengesellschaft Fragen des Profils immer dringlicher, und die *Social Media* verlangen entsprechende Einrichtungen ihrer Benutzer, die ihre *Profile* dann bei → *Facebook*, *Partner.de* etc. anlegen, um für sich zu werben bzw. für andere Benutzer leicht identifizierbar zu sein. Für Unternehmen und Institutionen werden solche Profile in Zeiten des Wettbewerbs um mediale Aufmerksamkeit immer wichtiger, und seit einigen Jahren finden intensive Profildebatten überall in ausgeprägter Form statt. So sollen z. B. nicht nur Unternehmen, sondern auch Schulen und → Universitäten ihr eigenes *Profil* aufweisen. Folgerichtig kommt der Begriff in zahlreichen Zusammensetzungen vor, wie beispielsweise in *Profilbildung* und *Profilneurose*. Überdies ist das Wort *Profi* in ihm enthalten, das hier jedoch nicht separat betrachtet wird, obgleich es sicherlich dem Vokabular des technokratischen Unmenschen zuzurechnen ist.

Projekt

Der Begriff ist von den lateinischen Wörtern *proiectus = nach vorn geworfen* und *proicere = vorwärtswerfen* abgeleitet. Allgemein wird damit heute ein bestimmtes, zielgerichtetes Vorhaben mit klar abgestecktem Anfang und Ende sowie Ressourcen- und Methodeneinsatz verstanden. Die DIN 69901 des Deutschen Instituts für Normung e. V. definiert *Projekt* wie folgt: »Vorhaben, das im Wesentlichen durch die Einmaligkeit der Bedingungen in ihrer Gesamtheit gekennzeichnet ist, wie z. B. Zielvorgabe, zeitliche, finanzielle, personelle und andere Begrenzungen; Abgrenzung gegenüber anderen Vorhaben; projektspezifische Organisation.« Hieran anschließend gibt es variierende Lehren des *Projektmanagements*, die im Kern aber alle von einem Wirtschaftsmodell ausgehen, das nicht mehr eine über lange Dauer veranstaltete Produktion anstrebt, sondern sich vielmehr im Fluss befindet und auf die sich verändernden Bedingungen schnell mit entsprechenden *Projekten* reagiert. Dazu ist auch ein Subjekt nötig, das sich dieser Dynamik anpasst und nicht mehr in langen Entwicklungszeiträumen denkt, sondern in rasch sich abwechselnden Abfolgen von *Projekten*, die freiwillig eingegangen werden: »Das spätmoderne Leistungssubjekt ist niemandem unterworfen. […] Der *Wandel vom Subjekt zum Projekt* bringt die Gewalt jedoch nicht zum Verschwinden. An die Stelle des Fremdzwanges tritt ein Selbstzwang, der sich als Freiheit gibt. […] Ab einem bestimmten Produktionsniveau ist die Selbstausbeutung wesentlich effizienter, viel leistungsstärker als die Fremdausbeutung, weil sie mit dem Gefühl der Freiheit einhergeht. Die Leistungsgesellschaft ist eine Gesellschaft der Selbstausbeutung. Das Leistungssubjekt beutet sich selbst aus, bis es ganz *ausbrennt* (Burn-out). Es entwickelt sich dabei eine Autoaggressivität, die sich nicht selten bis zur Gewalt der Selbsttötung verschärft. Das Projekt erweist sich als Projektil, das das Leistungssubjekt nun gegen sich selbst richtet« (Han 2011, S. 17).

Qualitätssicherung

In Qualitätssicherungssystemen kommen unterschiedliche Werkzeuge zum Einsatz, ihre Namen klingen wie moderne Folterwerkzeuge des technokratischen Unmenschen, z. B. *Optimierungskreislauf, Audit, Leitbild* oder *Prozessbeschreibung* (→ TQM). Indem die hiermit verbundenen Verfahren auf gesellschaftliche Felder appliziert werden, finden gefährliche feindliche Übernahmen im Kern von Gesellschaft statt. Qualitätssicherungen haben, wie in den zurückliegenden Jahren leider zu beobachten war, in unserem Land regelmäßig im Bildungs- wie im Gesundheits- und Sozialsystem zu erschreckenden Zerstörungen von Qualität geführt.

Vieles ist in den letzten Jahren über diese → »alternativlosen« Prozesse der Qualitätssicherungen geschrieben worden, das auf die massiven Folgeprobleme hinwies, doch es sieht so aus, als lasse sich die nun teuer »implementierte« Entwicklung nicht mehr umkehren. Der eigentliche Skandal ist, dass in gesellschaftlichen Bereichen, die eigentlich durch ihre Selbstbestimmung charakterisiert sein müssten, unglaubliche Fremdbestimmungen im Namen der »Qualitätssicherung« stattfinden. BWL-Methoden haben sich z. B. in der Bildungslandschaft eingenistet und steuern von dort aus brutale Ökonomisierungen. Die Folgen sind längst sichtbar: Hochschulen werden z. B. entdemokratisiert, entwickeln sich zu Präsidialdiktaturen, Unternehmen dringen in sie ein und lassen sich Studien- und Weiterbildungsprogramme gegen Geld auf ihre Bedürfnisse hin zuschneiden. Gleichzeitig ist eine enorme Akkreditierungs- und Evaluationsbürokratie entstanden, für die wertvolle Lehr- und Forschungszeit eingesetzt werden muss. Millionen von Stunden werden an den europäischen Hochschulen mit diesen Verfahren vergeudet, eine ungeheure Zeitvernichtung: »In allen Bereichen der Gesellschaft werden historisch gewachsene Strukturen der Herrschaft durch globale Paradigmen und Akteure ersetzt, denen es, gemessen an demokratischen Maßstäben, an Legitimität mangelt« (Münch 2009, S. 199). Im Grunde hat das, was die meisten Qualitätssicherungen vorschlagen und → »implementieren« wollen, nichts mit *Qualität* zu tun, sondern vielmehr mit ihrem Gegenteil.

Reputation

Das aus dem Lateinischen bzw. Französischen stammende Wort bezeichnet den *guten Ruf* bzw. *das Ansehen* einer Person, einer Gruppe oder einer Institution/ eines Unternehmens. Die *Reputation* hilft dabei, Personen oder Organisationen einschätzen zu können, sowohl was deren gegenwärtige Glaubwürdigkeit als auch was ihre mögliche zukünftige Entwicklung betrifft. Diese Berechenbarkeit durch Reputation bietet den Vorteil, Entscheidungen zu erleichtern und Komplexität zu verringern. Die Grundlage hierfür bietet eigentlich das → *Vertrauen*. Reputation kann auch als Form des *symbolischen Kapitals* im Sinne der Theorie Pierre Bourdieus betrachtet werden, ihre gesellschaftliche Bedeutung beinhaltet, eine bestimmte (positive) Rolle im sozialen Raum einzunehmen und mittels der allgemeinen Anerkennung durch Reputation auch reale Macht auszuüben. Für Unternehmen stellt sie gerade in Zeiten der zunehmenden weltweiten Vernetzung eine wichtige Ressource dar, von daher ist die Reputation durchaus ein relevanter Wert einer Firma. Der technokratische Unmensch hat hier Morgenluft gewittert und durch alle möglichen Rating- und → Benchmarkingverfahren Reputationsquellen eingerichtet, nach denen sich Mensch und Gesellschaft richten sollen. Überall wird Reputation gesammelt, im Sport ebenso wie in Modeschauen oder TV-Talentwettbewerben. In der medial gesteuerten Gesellschaft läuft fast jeder mit seinem Bauchladen herum, mit dem er sich um Reputation bemüht. Ein hochgradig im Wettbewerb sich verschleißendes System benötigt Reputation, damit alle in rasender Bewegung bleiben und sich im verzweifelten Ringen um Reputation zerstreuen und zerbröseln können.

Risiko

In der Kaufmannssprache des 16. Jahrhunderts wurde dieses Wort aus dem Italienischen (*risico, risco*) in der

Bedeutung von *Wagnis* oder *Gefahr* entlehnt. Bereits damals schienen die Unternehmer erheblichen Gefahren ausgesetzt gewesen zu sein, oder sie gingen diese Gefahren ein, um ein gutes Geschäft zu tätigen. Damals wie heute sind diese Wagnisse und Gefahren auch die Legitimation dafür, dass sich die damaligen Kaufleute oder die heutigen Entrepreneure mit entsprechenden Risikozuschlägen eine weitaus höhere Entlohnung genehmigen als der vorsichtigere Rest der Bevölkerung. Vermutlich stammt der Begriff aus der Welt des Glücksspiels, wie auch schon in »Aus dem neuen Wörterbuch des Unmenschen« zu lesen gewesen ist. Cornelius C. Noack befasste sich dort vor allem mit dem *Restrisiko* und dem GAU nach einem Kernkraftwerksunfall, und Rio Reiser berichtete über *Risikogruppen*. Spätestens seit Ulrich Becks *Risikogesellschaft,* das Mitte der achtziger Jahre erschien, ist uns jedoch klargemacht worden, dass wir uns in einem gesellschaftlichen Übergang befinden, in dem die »Logik der Reichtumsproduktion« mehr und mehr durch eine »Logik der Risikoproduktion« ersetzt wird. Dementsprechend sickern hochriskante Operationen wie z. B. Aktienspekulationen oder das Internet-Dating in die Alltagskultur ein und schaffen eine Atmosphäre der Beschleunigung, des ständigen Abwägens von Chancen und Risiken, in der wenig Bestand hat. Als Becks Buch erschien, war die *Tagesschau* noch eine aktienkursfreie Zone. Das ist gar nicht so lange her.

Sachzwang

Nach DUDEN Online handelt es sich bei diesem seit Längerem eingeführten Wort um »eine die Entscheidungsfreiheit einschränkende sachliche Notwendigkeit«

(→ alternativlos). Robert Jungk bearbeitete in »Aus dem neuen Wörterbuch des Unmenschen« das Stichwort *Sachzwang* und führte dazu folgendes aus: »Sachzwang ist der Hammer unter allen Totschlagargumenten. Da bleibt kein Widerspruch lebendig. Und wenn er sich dennoch regt, dann wird ihm schlechthin jeder Wirklichkeitssinn abgesprochen« (a.a.O., S. 106).

Schnittstelle

Trendbewusste Großstadtfriseure nennen so ihre Salons. Doch der Begriff stammt ursprünglich aus der Naturwissenschaft, wo er die Grenzzustände eines Mediums beschreibt. Bekannt geworden ist er durch die EDV, als Bezeichnung für die Verbindungs- oder Anschlussstelle von Geräten oder Anlagenteilen. Die Schnittstelle (I/F) ist ein klar bestimmter Übergang zwischen Einheiten der Datenübertragung, dies können sowohl Hard- oder Softwareelemente wie Übergänge von Menschen zu Computern oder umgekehrt sein.

Das Wort ist mittlerweile weit in den Alltagssprachgebrauch eingedrungen, wie so vieles aus der Welt der Maschinen. Dort hat es eine beachtliche Verbreitung gefunden, Äußerungen wie z.B.: »Ich arbeite an der Schnittstelle von X und Y« sind sehr verbreitet. Dass das menschliche Subjekt sich dabei als Maschine oder »Device« verdinglicht, fällt womöglich gar nicht mehr auf, denn die elektronische Maschinenwelt dringt immer weiter vor und nistet sich in der Sprache ein. Das im Englischen entsprechende Wort *Interface* beinhaltet noch die lateinischen Wurzeln *inter* »zwischen« und *facies* »Aussehen« oder »Form«. Da das englische *face* »Gesicht« bedeutet, könnte man also von einem *Zwi-*

schengesicht sprechen, das weitaus geheimnisvoller daherkommt als das deutsche Wort, das ja die Stelle bezeichnet, wo man sich schneidet oder schneiden könnte. Das *Schneiden* oder *Zerschneiden* von Wirklichkeit scheint überhaupt der tiefere Sinn unserer digitalen Evolution zu sein. Den Schnittstellen kommt in diesem Kontext dann die Aufgabe zu, das Puzzle wieder zusammenzusetzen und ein fiktives Gesicht zu erzeugen.

sexy

Nach Duden dient dieses aus dem Englischen abgeleitete Wort als »Abkürzung für erotisch-attraktiv«. Doch nicht nur das. In unseren von der Ökonomie durchdrungenen Zeiten wird in der Manager- und Technokratensprache auch als *sexy* bezeichnet, was Erfolg verspricht oder eine besonders aufregende Business-Idee beinhaltet. So gibt es beispielsweise das *sexy Investment* ebenso wie die Tatsache, dass auch völlig unsinnige Risiken von Vertretern heutiger Realitäten als *sexy* eingestuft werden. Es soll sogar von *sexy Controlling* gesprochen werden können, was sicherlich den Kern der merkwürdigen Entwicklung, in der wir allesamt stecken, recht gut trifft. Dieses Wort muss folglich weiter beobachtet werden.

Sichtbarkeit

Im 16. Jahrhundert wurde das Adjektiv *sichtbar* im Sinne von *mit den Augen wahrnehmbar, deutlich* oder *offenkundig* verwendet. In der heutigen, durch Massenmedien und Internet bestimmten Gesellschaft wird die

Sichtbarkeit von Unternehmen, Organisationen, Institutionen und Individuen zu einer Überlebensfrage, denn im allgemeinen Kampf um Aufmerksamkeit kann sich nur durchsetzen, wer oder was *Sichtbarkeit* erzielt. Der Begriff legt auch Zeugnis davon ab, dass der Augensinn in unserer kulturellen Entwicklung eine Vormachtstellung gegenüber den anderen Sinnen erreicht hat. Dietmar Kamper führte hierzu aus: »Nichts scheint gegenwärtig gewisser als der Triumph des Auges über die anderen menschlichen Sinne. Die Bildmaschinen laufen in der ganzen Welt auf Hochtouren. Alte und neue Medien der Sichtbarkeit arbeiten um die Wette. Immer mehr von dem, was es gibt, gerät in den Blick. Das visuelle Zeitalter ist auf dem Höhepunkt angelangt. Da und dort aber sind auch Zweifel hochgekommen. Durch den Exzess des Imaginären dreht sich möglicherweise seine Funktion um. Der Horizont der Erfahrung ist buchstäblich schon durch Bilder verstellt« (Kamper 1995, S. 54f.).

Unter der technokratischen Herrschaft wird *Sichtbarkeit* zu einer durch und durch politischen Kategorie, die die dominanten Akteure in die Endlosschleifen medialer Beeinflussung einspielt und für die »anderen« nur deren Unsichtbarkeit vorsieht: »Grund genug also, sich genauer mit den Formen der Sichtbarkeit zu beschäftigen und danach zu fragen, wie uns etwas zu sehen gegeben wird und was darin gleichzeitig als Unsichtbarkeit entsteht« (Schaffer 2008, S. 21).

simsen

Die Abkürzung *SMS*, von der dieses neue Verb abgeleitet ist, stammt aus dem Englischen und heißt ausgeschrieben *Short Message Service*. Diese Kurznachrichten sind über Mobilfunk versendete Textmeldungen, die in Mobiltelefone oder transportable Computer eingetippt werden. Die jüngeren Generationen haben bereits eine extreme Fingerfertigkeit erreicht, was die rasche Eingabe entsprechender Nachrichten in ihre Geräte betrifft. Viele schaffen das sogar, ohne auf die Tastatur zu schauen. Für die damit verbundene Tätigkeit ist die Bezeichnung »eine SMS schreiben« etwas umständlich, von daher setzte sich das wenig schöne Kunstverb *simsen* im Alltagsgebrauch durch, das der DUDEN jedoch selbst in seiner Onlinefassung noch in der zweiten Hälfte des Jahres 2012 nicht führte, obwohl *skypen* bereits online erklärt wird. Wie lange müssen wir dann erst auf *facebooken* warten?

Skills

Der DUDEN unterscheidet dieses aus dem Englischen entlehnte Wort in *Soft* und *Hard Skills*. Geht es bei den »weichen« *Skills* eher um soziale und zwischenmenschliche Fähigkeiten, so sind bei den »harten« *Skills* eher die fachlichen → Kompetenzen einer Person gefragt. Im technokratischen Sprachgebrauch ist dies auch eine der Vokabeln, die den Begriff der → *Bildung* zum Vergessen bringen soll, denn es geht in einem ökonomisch ausgerichteten Erziehungssystem nicht mehr um Bildung als Selbstzweck, sondern um Ausbildung für entsprechende Nachfragen und um die Aneignung von *Skills*. Schaut man sich das Wort genau an, entlarvt es sich selbst als »S-kills«. Es trägt also eine tödliche Fracht in sich.

TQM

Dieses Akronym kürzt das Englische *Total-Quality-Management* ab. Wie viele der heute verbreiteten Kürzel stammt es aus der Sprache der Betriebswirtschaftslehre, die in vielen Bereichen eine prägende Dominanz erzielt hat. Das *TQM*, das auch als umfassendes Qualitätsmanagement bezeichnet wird, betreibt eine durchgängige und fortwährende Kontrolle aller Bereiche einer Institution bzw. Organisation zum Zweck ihrer → Optimierung und der Steigerung von Effektivität. Es handelt sich um eine erfassende, aufzeichnende, sichtende und beurteilende Tätigkeit. Diese Methode ist mittlerweile in nahezu alle Bereiche unserer Gesellschaft eingedrungen, und sie hat dabei in den meisten Fällen zu ihrem Gegenteil, nämlich zur Verschlechterung von Qualität geführt. Insbesondere trägt sie zu einer spürbaren Verschlechterung des Arbeitsklimas in Firmen und Institutionen bei, weil nun ständig alles zur Disposition steht und jeder Akt immer wieder neu misstrauisch überprüft und bewertet wird. Das *TQM* produziert einen bestimmten – standardisierten und flexiblen – Typus von Subjektivität, der in unserer Zeit vorherrschend geworden ist und der das »Erziehungsziel« des technokratischen Unmenschen enthält. Der sich selbst ständig kontrollierende und optimierende Mensch wird eins mit dem betriebswirtschaftlichen Universum: »Markierte die Subjektivität in den traditionellen gewerkschaftlichen oder linksradikalen Diskursen den *point de resistance* gegen ›entfremdende‹ Arbeitsverhältnisse, so machen Managementkonzepte wie das TQM daraus eine sozialtechnologisch zu erschließende Ressource« (Bröckling/Krasmann/Lemke 2000, S. 142).

Transparenz

Das Adjektiv *transparent* für *durchscheinend* oder *durchsichtig* wurde im 18. Jahrhundert dem Französischen *transparent* entlehnt, das lateinische Wurzeln hat. Das Substantiv *Transparenz* wird heute vorwiegend dafür verwendet, Erkennbarkeit und Durchschaubarkeit zu bezeichnen, insbesondere, was Entscheidungsprozesse in Politik und Wirtschaft betrifft. Gleichzeitig wird das Individuum durch digitale Datensammlungen, soziale Netzwerke und Internet-Plattformen, die seine Bewegungen aufzeichnen und analysieren (»Google-Analytics«), immer transparenter und damit auch steuerbarer, und die Ausweitung von Transparenz nimmt totalitäre Züge an. Byung-Chul Han spricht deshalb von einer »Gewalt der Transparenz«, er führt dazu aus: »Die transparente Sprache ist eine maschinelle, funktionelle Sprache, der jede Ambivalenz fehlt. Das Diktat der Transparenz vernichtet das Vage, das Opake, das Komplexe. Das Zählen ist transparenter als das Erzählen. Die Addition ist transparenter als die Narration« (Han 2011, S. 131). Mit diesem Begriff geht es also um unterschiedliche Ebenen, einerseits um die wichtige politische und ökonomische *Transparenz*, die Entscheidungen nachvollziehbar werden lässt und z. B. Korruption verhindert – worum sich heute Organisationen wie z. B. *Transparency International* bemühen –, und andererseits geht es um die in verschiedenen gesellschaftlichen Bereichen beobachtbare Tendenz, ein »gläsernes«, total durchschaubares Individuum zu erzeugen. Der Begriff ist aber auch Teil des neoliberalen *Neusprech*, da er gern dazu eingesetzt wird, die Durchschaubarkeit z. B. feindlicher Übernahmen zu ver- oder behindern. Nicht zu vergessen ist, dass selbstverständlich auch Psychosekten von ihren Mitgliedern oder Aspiranten eine totale Transparenz verlangen und diese auch permanent überprüfen.

Uni (Universität)

Dies ist nicht nur die heute sehr gebräuchliche Kurzform für *Universität,* sondern *Uni* verrät auch, wie die *universitas* mehr und mehr zu einer marktkonformen Ausbildungsstätte verkommen ist. Seit dem europäischen Mittelalter wurde dieser Begriff im Sinne der Gemeinschaft von Lehrenden und Lernenden (*universitas magistrorum et scholarium*) verstanden, eine Gemeinschaft, die das Recht zur Selbstverwaltung sowie die Akademische Freiheit beinhaltete. Seit der Errichtung der Berliner Universität im Jahre 1810 setzte sich auch international das Humboldtsche Modell der *Einheit von Forschung und Lehre* durch, das sicherstellen sollte, dass die an einer Universität Lehrenden auch mit Forschung beschäftigt sind, um stets am Puls des wachsenden Wissens zu bleiben. Die im Sinne Humboldts verstandene humanistische Ausrichtung der Universität sah eine aufs Universale abzielende → Bildung vor. Dieser Anspruch ist an den heutigen »Unis« kaum noch zu finden. Viele sind dabei, den universitären Fächerkanon zu reduzieren und immer mehr anwendungsorientierte Studiengänge einzurichten. Besonders die so genannten → »Qualitätssicherungen« haben an den Universitäten zu einer verheerenden Erosion von Qualität geführt, weil wesentliche Teile der akademischen Arbeit umgewidmet worden sind, in der *FAZ* war hierzu zu lesen: »War die Kontrolle früher in Gestalt der ministeriellen Zuständigkeit und Behörde sichtbar, klagen Mitarbeiter von Universitäten jetzt darüber, dass Kontrollverfahren und → Evaluationen wie die Systemakkreditierung in die Institutionen selbst verlagert werden – mit allen negativen Konsequenzen. Ohne nennenswerte Gegenwehr haben sich Wissenschaftler den aus der Unternehmensberatung und dem modernen Management entlehnten Technologien ergeben. Sie kapitulieren ›angesichts dummdreister Sprechblasen aus dem Jargon des New Management nahezu widerstandslos‹, beschreibt der Wiener Philosoph Konrad Paul Liessmann das Phänomen, das nicht erst mit der Bologna-Reform, sondern mit der sogenannten Autonomisierung in die Hochschulen eingezogen ist. Wenn sich dann alles um ›Entrepreneurship‹ und kreative Kommunikation dreht, muss das auf Kosten der fachlichen Ausbildung gehen« (Schmoll 2012, S. 8).

Das bereits abzusehende Ergebnis ist eine europäische Hochschullandschaft in einem höchst fragilen Europa, die weniger mit der Freiheit von Forschung und Lehre als weitaus mehr mit den Verfahren von Controlling und → Benchmarking zu tun hat. Exzellenz-Rhetorik, begleitet von durch → Kennzahlen korrumpierter Forschung und Lehre halten ihren Einzug in die Hochschulen, ebenso wie ununterbrochene Preisverleihungen und sinnwidrige Prestigeprojekte. Von der »Exzellenzinitiative« bis zur Einäscherung eines freiheitlich-demokratischen Bildungswesens ist es jedoch nur ein kleiner Schritt. Ein Schritt, der stets begleitet ist von Kosten-Nutzen-Rechnungen, Stärken-Schwächen-Gegenüberstellungen und den vielzitierten → »Qualitätssicherungen«.

In seiner Studie zur »unternehmerischen Hochschule« fasst Richard Münch die Folgen dieser Entwicklung so zusammen: »In der Hand unternehmerischer Universitäten gelangt die Wissensproduktion direkt vor Ort in einen ökonomischen Verwertungskreislauf. [...] Der wissenschaftliche Kampf um die Wahrheit wird in die Bahnen des ökonomischen Wettbewerbs um die Kapitalakkumulation universitärer oder außeruniversitärer Unternehmen gelenkt, der unkontrolliert zur Errichtung von Oligopolstrukturen führt. Universitäten wandeln sich in diesem System des akademischen Kapitalismus von Förderern zu Parasiten der Forschung zwecks Kapitalakkumulation« (Münch 2011, S. 373 u. 379).

Die Wissenschaftsinstitutionen spielen hierbei eine äußerst problematische Rolle. Die Kultusministerkonferenz, der Wissenschaftsrat und die Deutsche Forschungsgemeinschaft haben sich allesamt den technokratischen Reformen verschrieben. Die Unterschiede dieser Entwicklung von der traditionellen Universität zur »Uni« können wie folgt zusammengefasst werden: 1. Horizontale Entscheidungsstrukturen in der Tradition der »akademischen Selbstverwaltung« werden zugunsten zentralistischer Managementstrukturen umgestaltet; 2. Hochschulräte verkoppeln hochschulinterne Prozesse mit der gesellschaftlichen Abnehmerseite wissenschaftlicher »Dienstleistungen«; 3. Die Ressourcenverteilung auf Hochschulebene erfolgt wettbewerbspolitisch über Leistungsindikatoren, die damit auch akademische Schwerpunktbildungen anbahnen; 4. Die Finanzierung wird durch einen festen staatlichen Sockelbetrag garantiert, der allerdings immer mehr durch die Einwerbung weiterer Mittel (sogenannter »Drittmittel«) erweitert werden muss; 5. Ökonomische und akademische Handlungsmotive vermischen sich bis zur Ununterscheidbarkeit.

Die Folgen sind längst sichtbar, hierzu eine Auswahl: 1. Studiengänge werden reduziert auf wettbewerbsfähige und produktive Bereiche; 2. An den einzelnen Standorten entwickelt sich eine entfesselte Konkurrenz um Ressourcen und Prestige; 3. Hoch dotierte Ordinarien recken sich nach Mini-Beträgen, die es beispielsweise für Publikationen gibt. Ein massiver – von den Planern gewünschter – akademischer Darwinismus setzt ein; 4. Mittels bestimmter Formen der Kooperationen von Wirtschaft und Bildungsinstitutionen (»Public Private Partnerships«) nehmen Unternehmen direkten Einfluss auf die Hochschulen. Sie gestalten sich Studiengänge nach ihrem → Geschmack. Akademische Traditionen werden durch meritokratische ersetzt; 5. Das akademische Prekariat wächst zunehmend, der Lehrkörper ist oft weniger mit Forschung als vorwiegend damit beschäftigt, sich auf schlecht bezahlten Stellen zu halten; 6. Das Studium wird zu einer in Modulen mundgerecht aufgeteilten Lehre. Universitäten agieren als kundenorientierte Dienstleistungsunternehmen; 7. Es findet eine tiefgreifende und folgenreiche Entdemokratisierung der Hochschullandschaft statt. In dieser Struktur bezahlen die Hochschulen Unsummen, um Agenturvorgaben zu erfüllen. Eine wuchernde Masse an → Evaluationen stützt das System und nimmt Lehrende wie Studierende an die Leine. Ein gesellschaftlicher Bereich, der eigentlich durch seine Selbstbestimmung charakterisiert sein müsste, wird in sein Gegenteil verkehrt. Und demnächst wird dieselbe noch einmal komplett umgekrempelt, wenn die billigen *MOOCs* flächendeckend Einzug halten, jene Massive Open Online Courses, mit denen sich Hochschulen selbst in die Überflüssigkeit bewegen dürfen. Sie nannten es *Uni*.

Update / Upgrade

Diese beiden aus der Computerwelt stammenden Wörter sind in die deutsche Sprache und in den DUDEN aufgenommen worden. Während das *Update* eine aktualisierte Version – z. B. eines Programmes – meint, bezeichnet das *Upgrade* eine verbesserte oder erweiterte Leistung, zum Beispiel bei einer Bahnfahrt den Wechsel von der zweiten in die erste Klasse. Mit der Methode der *plumpen Übersetzung*, die für unsere Zeit als angemessen erscheint, um Komplexität zu reduzieren, erhalten wir die noch nicht üblichen Wörter *Hochzeitpunkt* oder sogar *Hochdattel* bzw. *Hochstufe* oder *Hochgrad,* was nicht wirklich bei unserer Betrachtung technokratischer Wörter weiterhilft. Doch im Alltagssprachgebrauch sind Beispiele wie: »Lass' uns doch einmal updaten« oder »Unsere Beziehung braucht ein Upgrade« mittlerweile recht verbreitet, zumindest liegt diese Vermutung nahe, wenn man dem Handy-Talk in öffentlichen Verkehrsmitteln gelegentlich aufmerksam zuhört.

URL

Uniform Resource Locators (deutsch: *einheitlicher Quellenanzeiger)*: Eine Abkürzung aus der Welt der Technik für *Internetadresse* oder *Webadresse*. Die URL soll Quellen im Internet erkennen und verorten. Bei einer Website geschieht dies über die zu verwendende Zugriffsmethode – über Netzwerkprotokolle wie HTTP und FTP und den Ort der Quelle in den Netzwerken. Interessant ist, wie zum Teil sehr komplizierte URLs bereits problemlos von vielen Leuten aufgesagt werden können. Wird unser Denken allmählich ersetzt durch

bens dar, weil es hilft, die hohe Komplexität menschlicher Verhältnisse zu reduzieren (vgl. Luhmann 2009). Mittels Vertrauen in andere Personen oder in das Funktionieren gesellschaftlicher Systeme ist es möglich, sich auf höhere Risiken einzulassen. Was dann dabei passieren kann, haben wir nicht nur in der deutschen Geschichte, sondern auch aktuell in den Zeiten der rotierenden Finanzkrisen ausgiebig beobachten können.

Vision

»Im Jahre 1141 der Menschwerdung Jesu Christi, des Gottessohnes, als ich zweiundvierzig Jahre und sieben Monate alt war, kam ein feuriges Licht mit Blitzesleuchten vom offenen Himmel hernieder. Es durchströmte mein Gehirn und durchglühte mir Herz und Brust gleich einer Flamme, die jedoch nicht brannte sondern wärmte, wie die Sonne den Gegenstand erwärmt, auf den sie ihre Strahlen legt. [...] Die Gesichte, die ich schaue, empfange ich nicht in traumhaften Zuständen, nicht im Schlafe oder in Geistesgestörtheit, nicht mit den Augen des Körpers oder den Ohren des äußeren Menschen und nicht an abgelegenen Orten, sondern wachend, besonnen und mit klarem Geiste, mit den Augen und Ohren des inneren Menschen, an allgemein zugänglichen Orten, so wie Gott es will. Wie das geschieht, ist für den mit Fleisch umkleideten Menschen schwer zu verstehen« (von Bingen 1954, S. 89). So beginnt ein großes Visionenbuch einer großen Autorin, die den etwas abgeschmackten Rat eines deutschen Altkanzlers, der empfahl, wer Visionen habe, solle zum Arzt gehen, bereits fast ein Jahrtausend vor seiner Äußerung entkräftete, indem sie deutlich machte, ihre Visionen »mit klarem Geiste« empfangen zu haben.

Das seit mittelhochdeutscher Zeit im Sinne von *Erscheinung* oder *Trugbild* gebräuchliche Wort stammt vom Lateinischen *visio* oder *visionis* ab, was die Bedeutungen von *Sehen*, *Antlitz*, *Erscheinung* besitzt. Im aktuellen Sprachgebrauch des technokratischen Unmenschen wird an die *Vision* appelliert, um gutgläubigen Menschen hochgradig riskante Unternehmungen einzuflüstern. Kein Wunder, dass heutige Politiker das Wort des hanseatischen Altkanzlers bewusst ignorieren und noch den unnötigsten Kraftwerk- oder Autobahnbau als *Vision* ausgeben.

volatil

Dies ist ein recht neues Eigenschaftswort aus der Finanzwelt, das lateinischen Ursprungs ist (*volatilis* = *fliegend* oder *flüchtig*). Im heutigen Sprachgebrauch wird es in den Bedeutungen von *sehr beweglich*, *schwankend*, *unstetig, flüchtig* oder *kurzlebig* verwendet. Hiervon abgeleitet ist das Substantiv *Volatilität*, das die Schwankungen beispielsweise der Aktienkurse oder des Wählerverhaltens bezeichnet. Dieser zunächst in der Physik verwendete Begriff ist für unsere Zeit sehr kennzeichnend, da die Schwankungen der Finanzwerte und die wechselnden politischen Temperaturen unser gesamtes Leben haben *volatil* werden lassen, vom Klimawandel ganz zu schweigen. Und tatsächlich bemerken wir auch in uns selbst dieses eigenartige Brodeln, dieses Stehen auf wankenden Brettern, dieses volatile Existenzklima, das uns zu immer weiteren sinnfernen Höchstleistungen antreibt.

Workload

Der aktuelle DUDEN in seiner Online-Ausgabe kennt dieses Wort im März 2013 noch nicht, und in seiner physischen Ausgabe wäre noch gut Platz zwischen *Workaholic* und *Workflow*. Man könnte diese Wortlücke so definieren, dass der *Workaholic* eine Person ist, die süchtig nach *Workload* ist und dementsprechend den *Workflow* nicht mehr kontrollieren kann. Im Webster's Dictionary wird man dankenswerterweise darüber informiert, dass die erste Verwendung des Wortes im Jahre 1943 stattfand, zur Zeit des Zweiten Weltkrieges. Definiert wird *Workload* dort wie folgt:

»1. The amount of work or of working time expected or assigned; ›students with a heavy *workload*‹.

2. The amount of work performed or capable of being performed (as by a mechanical device) usually within a specific period.«

Das Beispiel mit den Studenten trifft ins Zentrum, denn hierzulande ist der Begriff vor allem im Zuge der Bologna-Hochschulreformen zu ziemlicher Verbreitung gekommen. Nach dem *Workload* werden die sogenannten *Credit Points* berechnet, 1 CP entspricht dann beispielsweise 30 Stunden Workload. So wird das Studium dann in fabrikmäßige Einheiten zerhackt, und die Technokraten Globaleuropas erfreuen sich an der absoluten Vergleichbarkeit, die allerdings im richtigen Leben doch nicht verwirklicht werden kann. Der wahre Charakter des Begriffs kann leicht enttarnt werden, indem man die Methode der plumpen Übersetzung anwendet. Dann bedeutet *Workload* ja nichts anderes als *Arbeitsladung,* und von dort aus ist es dann auch gar nicht mehr allzu weit bis zum Arbeitslager.

Zeitfenster

Das altgermanische Substantiv *zit* weist im Sinne von *Abgeteiltes, Abschnitt*, mittelhochdeutsch *Tages-, Jahreszeit* und *Lebensalter* eine indogermanische Wurzel auf. Das altenglische *teld* und das altisländische *tjald* bewahrten die Bedeutungen von *Decke* oder *Hülle*. Die Beziehungen der Wortbedeutungen untereinander sind nicht geklärt. Anders sieht es dagegen bei *Fenster* aus, einem Wort, das sich dem geschichtlichen Ereignis des Vordringens der Römer an Rhein und Donau verdankt, denn hierdurch lernten die Germanen den Stein- und Mauerbau kennen. Das Lateinische *fenestra* bedeutet *Öffnung für Luft und Licht in der Wand*.

Die in Zeiten des technokratischen Unmenschen aufgekommene Kombination *Zeitfenster* bezeichnet einerseits einen Zeitraum, in dem eine Möglichkeit besteht, die davor und danach so nicht (mehr) besteht bzw. bestehen wird, und andererseits einen Zeitraum, der für etwas zur Verfügung steht. In der Informatik wird sogar der Begriff *Zeitschlitz* verwandt.

In der Geschichte der Philosophie gibt es sehr unterschiedliche Zeit-Konzeptionen, eine der bedeutendsten des 20. Jahrhunderts ist in Martin Heideggers Werk »Sein und Zeit« zu finden, für das der Begriff der *Zeitlichkeit* wesentlich ist: »Die ekstatische Einheit der Zeitlichkeit, das heißt die Einheit des ›Außer-sich‹ in den Entrückungen von Zukunft, Gewesenheit und Gegenwart ist die Bedingung der Möglichkeit dafür, daß ein Seiendes sein kann, das als sein ›Da‹ existiert« (Heidegger 1977, S. 350).

Das Denken in Zeitfenstern unterscheidet sich hiervon fundamental, denn es setzt das Voranschreiten von

Zeit und das Aufladen dieser Zeit mit Sinn und Zweck à la: »Es ist Zeit für…« gleich. Das entspricht nicht der Zeit als differenziellem »Naturphänomen« und ist vielmehr ein Anzeichen für die kulturelle Aneignung und Überformung der Zeitvorstellung. Außerdem wird durch das Denken in *Zeitfenstern* nicht dem handelnden Menschen eine Verantwortung zugesprochen, sondern der Zeit. Diese muss »reif« sein, denn dann kann sie von Akteuren genutzt werden. So konnte der deutsche Außenminister Guido Westerwelle in einem Interview mit der Deutschen Welle im Januar 2013 ausführen, dass das *Zeitfenster* der Gelegenheit für neue Abrüstungsinitiativen derzeit weit geöffnet sei (Deutsche Welle, 19.01.2013).

Das Denken in *Zeitfenstern* beinhaltet, Realität herstellen zu können, und da die Zeit »reif« für eine bestimmte Angelegenheit ist, kann gleichzeitig Druck aufgebaut werden. Derjenige, der die Zeit anruft, hat sie schon besetzt. Das »Öffnen« eines *Zeitfensters* wird so zur Setzung eines Ultimatums. Dieses Denken versteht die kollektive wie die individuelle Entwicklung als planbar, organisierbar und nutzbar. Die Standardisierung des Individuums findet auch durch technokratisch kontrollierte Zeitvorstellungen statt, so gibt es zahlreiche Zeitfenster, die der bzw. die Einzelne zu beachten hat, vom Schulbesuch bis zur Fruchtbarkeit und zu den Berufszeiten. Durch jede Tür kann in der Regel hindurchgegangen werden, nicht aber durch jedes Fenster.

Zivilgesellschaft

Dieser Begriff erfreut sich heute bei Politikern und Administratoren jedweder Herkunft großer Beliebtheit, denn er beansprucht, dass es darum ginge, eine Gesellschaft der Zivilisten zu schaffen bzw. zu vertreten. Warum ist dieser Begriff heute so populär? Um das zu ergründen, müssen wir in die Geschichte schauen: Bis zum 18. Jahrhundert wurde sein Gebrauch durch Aristoteles geprägt: *Bürgerliche Gesellschaft* ist die mögliche Übersetzung des griechischen *politiké koinonia* – als Bezeichnung für die Polis – was später ins Lateinische *societas civilis* übertragen wurde. Aristoteles bezeichnet damit eine Gemeinschaft von Bürgern (die freien Polis-Bürger), die zusammen das Gute tugendhaft verwirklichen. Davon unterschieden wird die häusliche Sphäre (*oikos*), in der die Grundbedürfnisse gesichert werden.

Die heutige Diskussion um die Zivilgesellschaft geht wesentlich auf Alexis de Tocqueville zurück, der in seiner Abhandlung *Über die Demokratie in Amerika* 1835 den Zusammenhang zwischen Zivilgesellschaft und Demokratie zu fassen versuchte und dabei die »Assoziative Demokratie« als Schutz vor der »Diktatur der Mehrheit« vorschlug (vgl. Tocqueville 1986).

Im 20. Jahrhundert beschäftigte sich u. a. der marxistische Theoretiker Antonio Gramsci mit dem Begriff der *Zivilgesellschaft*. In seinen *Gefängnisheften* (vgl. Gramsci 2012) beschrieb er *die Zivilgesellschaft* als die Gesamtheit aller nichtstaatlichen Organisationen und Institutionen, die auf den *Alltagsverstand* und die *öffentliche Meinung* Einfluss haben. Hier fänden die Auseinandersetzungen um kulturelle Hegemonie statt, die in den westlichen Gesellschaften den Bestand des Kapitalismus auch in Zeiten politischer Krisen sicherten.

In den heutigen Krisenzeiten ist die Bemühung des Zivilgesellschaft-Konzeptes auffällig, und im Anschluss an Gramsci lässt sich sagen, dass gerade dieser Begriff eine wichtige Rolle in der gegenwärtigen Auseinandersetzung um die politische und kulturelle Hegemonie spielt. Ein neues Steuerungsmodell hat sich durchgesetzt, bei dem der »Bürger« sich zum handelnden Element zivilgesellschaftlicher Akte entwickelt hat und durch sein → Engagement die bestehende Struktur mit jeder seiner Handlungen reproduziert. Das findet im Rahmen einer Beschwörung des Sozialen, Gemeinschaftlichen und politisch Korrekten statt, und der Einzelne gewinnt den Eindruck, etwas für den Erhalt der Demokratie zu tun. Er soll die massiven Brüche, die durch die neoliberale Transformation entstanden sind, heilen, indem er sich an die Wiederherstellung der dynamischen Struktur bindet, die für diese Brüche verantwortlich ist. Dabei trägt er durch Anpassung an die Struktur dazu bei, dass sich die Gräben innerhalb der Gesellschaft weiter verfestigen. Der Begriff *Zivilgesellschaft* ist deshalb als wirkungsvolle Polit-Floskel zu verstehen, die einen zentralen Bestandteil des technokratischen *Neusprech* darstellt.

Literatur

Adorno, Theodor W.: Erziehung zur Mündigkeit, Frankfurt/Main 1972.

Adorno, Theodor W.: Ohne Leitbild. Parva Aesthetica, Frankfurt/Main 1973.

Alexander, Kerstin: Corporate Design im Kulturbereich, Brandenburg 2005.

Asendorpf, Jens B.: Psychologie der Persönlichkeit, 4. überarbeitete und aktualisierte Auflage, Heidelberg 2007.

Barocchi, Paola (Hg.): Trattati d'arte del cinquecento, Bd. 1, Bari 1960.

Baudelaire, Charles: Die Weltausstellung 1855 – Die schönen Künste. In: Ders.: Der Künstler und das moderne Leben, Leipzig 1990.

Beck, Ulrich: Risikogesellschaft. Auf dem Weg in eine andere Moderne, Frankfurt/Main 1986.

Benner, Dietrich: Allgemeine Pädagogik, Weinheim/München 1987.

Bingen, Hildegard von: Wisse die Wege (SCIVIAS), Salzburg 1954.

Binswanger, Mathias: Sinnlose Wettbewerbe. Warum wir immer mehr Unsinn produzieren. Freiburg im Breisgau 2010.

Boltanski, Luc/Chiapello, Eve: Der neue Geist des Kapitalismus, Konstanz 2003.

Boston Consulting Group (Hg.): Clausewitz. Strategie denken, München 2008.

Bourdieu, Pierre: Die feinen Unterschiede. Kritik der gesellschaftlichen Urteilskraft, Frankfurt/Main 1987.

Brillat-Savarin, Jean Anthelme: Physiologie des Geschmacks, Braunschweig 1865.

Bröckling, Ulrich/Krasmann, Susanne/Lemke, Thomas (Hrsg.): Gouvernementalität der Gegenwart. Studien zur Ökonomisierung des Sozialen, Frankfurt/Main 2000.

Clausewitz, Carl von: Vom Kriege, Erftstadt 2004.

Crouch, Colin: Postdemokratie, Frankfurt/Main 2008.

Deleuze, Gilles: Postskriptum über die Kontrollgesellschaften. In: Ders.: Unterhandlungen 1972–1990, Frankfurt/Main 1993.

Deleuze, Gilles/Guattari, Félix: Anti-Ödipus. Kapitalismus und Schizophrenie I, Frankfurt/Main 1977.

Dilthey, Wilhelm: Schriften zur Pädagogik, Paderborn 1971.

Droste, Wiglaf: Sprichst du noch oder kommunizierst du schon? Neue Sprachglossen, Berlin 2012.

Duchamp, Marcel: *Die Schriften*, Bd. I, Zürich 1981.

Elias, Norbert: Über den Prozeß der Zivilisation, Frankfurt/Main 1976.

Flaubert, Gustave: Bouvard und Pécuchet, Frankfurt/Main 1979.

Foucault, Michel: Kritik des Regierens. Schriften zur Politik, Frankfurt/Main 2000.

Friedrichs, Julia: Recruiting bei McKinsey. In: Leif, Thomas: Beraten und verkauft. McKinsey & Co. – der große Bluff der Unternehmensberater, München 2008.

Fuchs, Hans-Werner: Educational Governance und neue Steuerung. Grundsätze – Beispiele – Erwartungen. In: Langer, Roman (Hg.): »Warum tun die das?« Governanceanalysen zum Steuerungshandeln in der Schulentwicklung, Wiesbaden 2008.

Gassmann, Oliver: 33 Erfolgsprinzipien der Innovation, München 2012.

Getzels, Jacob W./Jackson, Philip W.: Creativity and intelligence. Explorations with gifted students, New York 1962.

Geyer, Gunnar/Venn, Alexander: Ökonomische Prozesse – Globalisierung und Transformation. Eine institutionenökonomische Analyse aus der Perspektive des institutionellen Wandels und der Transaktionskostenökonomik, Hamburg 2001.

Giesel, Katharina D.: Leitbilder in den Sozialwissenschaften. Begriffe, Theorien und Forschungskonzepte, Wiesbaden 2007.

Gramsci, Antonio: Gefängnishefte, Hamburg 2012.

Gunia, Jürgen: Kompetenz. Versuch einer genealogischen Ideologiekritik. In: Textpraxis 4, Münster 2012.

Han, Byung-Chul: Topologie der Gewalt, Berlin 2011.

Hasse, Jürgen: Bildung für Nachhaltigkeit statt Umweltbildung? Starke Rhetorik – Schwache Perspektiven. In: Hiller, Bettina/Lange, Manfred (Hg.): Bildung für nachhaltige Entwicklung. Perspektiven für die Umweltbildung, Münster 2006.

Heiser, Jörg: Plötzlich diese Übersicht. Was gute zeitgenössische Kunst ausmacht, Berlin 2007.

Heidegger, Martin: Sein und Zeit, Tübingen 1977.

Hessel, Stéphane: Empört euch!, Berlin 2011.

Horkheimer, Max: Zur Kritik der instrumentellen Vernunft, Frankfurt/Main 1967.

Holm-Hadulla, Rainer M.: Kreativität zwischen Schöpfung und Zerstörung, Göttingen 2011.

Hubbard, Ron L.: DIANETIK. Der Leitfaden für den menschlichen Verstand, Dreieich 1990.

Hunger, Matthias: Die Ästhetik des Menschen. Ästhetisches Erleben, Attraktivität, Schönheit und Liebe, Münster 2010.

Illouz, Eva: Die Errettung der modernen Seele, Frankfurt/Main 2009.

Jogschies, Rainer (Hg.): Aus dem neuen Wörterbuch des Unmenschen, Frankfurt/Main 1987.

Jünger, Ernst: Kaukasische Aufzeichnungen. In: Ders.: Auswahl aus dem Werk in fünf Bänden, Stuttgart 1994.

Kamper, Dietmar: Unmögliche Gegenwart. Zur Theorie der Phantasie, München 1995.

Kant, Immanuel: Kritik der Urteilskraft, Hamburg 1974.

Klages, Ludwig: Sämtliche Werke, Bd. 7, Graphologie I, Bonn 1968

Ladenthin, Volker: Kompetenzorientierung als Indiz pädagogischer Orientierungslosigkeit. In: Profil, Mitgliederzeitung des Deutschen Philologenverbandes, Heft 09/2011.

Lengert, Julius: »Die im Dunkeln sieht man nicht«: Die McKinsey-fizierung der Republik, http://www.managerismus.com/e4_mckinsey.html, 2010.

Luhmann, Niklas: Die Wissenschaft der Gesellschaft, Frankfurt/Main 1992.

Luhmann, Niklas: Die Kunst der Gesellschaft, Frankfurt/Main 1996.

Luhmann, Niklas: Vertrauen. Ein Mechanismus der Reduktion sozialer Komplexität, Stuttgart 2009.

Mertins, Kai/Heisig, Peter/Alwert, Kay (Hrsg.): Wissensbilanzen. Intellektuelles Kapital erfolgreich nutzen und entwickeln, Berlin 2005.

Menasse, Robert: Das B-Wort. In: Die Presse, Ausgabe vom 16.4.2011, Wien.

Meyer-Guckel, Volker/Winde, Mathias/Ziegele, Frank (Hrsg.): Handbuch Hochschulräte. Denkanstöße und Erfolgsfaktoren für die Praxis, Essen 2010.

Müller, Albrecht: Machtwahn. Wie eine mittelmäßige Führungselite uns zugrunde richtet, München 2007.

Müller-Prothmann, Tobias/Dörr, Nora: Innovationsmanagement: Strategien, Methoden und Werkzeuge für systematische Innovationsprozesse, München 2011.

Münch, Richard: Globale Eliten, lokale Autoritäten. Bildung und Wissenschaft unter dem Regime von PISA, McKinsey & Co., Frankfurt/Main 2009.

Münch, Richard: Akademischer Kapitalismus. Über die politische Ökonomie der Hochschulreform. Frankfurt/Main, 2011.

Nußbeck, Susanne: Einführung in die Beratungspsychologie, München 2006.

O'Doherty, Brian: In der weißen Zelle. Inside the White Cube, Berlin 1996.

OECD: Bildung auf einen Blick: OECD-Indikatoren – Ausgabe 2005, Paris 2005.

Paech, Niko: Befreiung vom Überfluss: Auf dem Weg in die Postwachstumsökonomie, München 2012.

Parodi, Oliver/Banse, Gerhard/Schaffer, Axel (Hg.): Wechselspiele: Kultur und Nachhaltigkeit. Annäherungen an ein Spannungsfeld, Berlin 2010.

Plaschke, Jürgen/Sauter, Werner/Zinder, Thomas G.: Personalmanagement, http://www.teialehrbuch.de/Kostenlose-Kurse/Personalmangement/32397-Prozessorientierung-und-Ganzheitlichkeit-der-Arbeit.html

Pringle, Hamish/Gordon, William: Marken-Etikette. Die markenorientierte Servicekultur leben, Weinheim 2002.

Reuß, Roland: Ende der Hypnose. Vom Netz zum Buch, Frankfurt/Main 2012.

Richter, Kurt F.: Coaching als kreativer Prozess. Werkbuch für Coaching und Supervision mit Gestalt und System, Göttingen 2009.

Rosselet, Claude/Senoner, Georg: Management Macht Sinn: Organisationsaufstellungen in Managementkontexten, Heidelberg 2010.

Ruppertz-Rausch, Simone: Citizenship per Dekret? Die Ent-

wicklung transnationaler Staatsbürgerschaft als Benchmark-Prozess. Diss. Darmstadt 2010, S. 23. http://tuprints.ulb.tu-darmstadt.de/2170/
Schaffer, Johanna: Ambivalenzen der Sichtbarkeit. Über die visuellen Strukturen der Anerkennung, Bielefeld 2008.
Schill, Alexander/Springer, Thomas: Vernetzte Systeme. Grundlagen und Basistechnologien, Berlin, Heidelberg 2012.
Schiller, Friedrich von: Über die ästhetische Erziehung des Menschen. In einer Reihe von Briefen, Stuttgart 1965.
Schumpeter, Joseph: Theorie der wirtschaftlichen Entwicklung, Berlin 1934.
Schweer, Martin K. W. (Hg.): Der Einfluss der Medien. Vertrauen und soziale Verantwortung, Opladen 2001.
Seifert, Markus: Mobilisierung für alle? Sozial selektive Wirkungen des Internets auf die politische Kommunikation, Wiesbaden 2012.
Schmoll, Heike: Musik ohne Noten und Goethe ohne Deutsch. In: Frankfurter Allgemeine Zeitung vom 26.4.2012, Nr. 98.
Schulz, Jürgen: Management von Risiko- und Krisenkommunikation: zur Bestanderhaltung und Anschlussfähigkeit von Kommunikationssystemen, Berlin 2001.
Sternberger, Dolf/Storz, Gerhard/Süskind, W. E.: Aus dem Wörterbuch des Unmenschen, München 1962.
Sloterdijk, Peter: Du musst dein Leben ändern. Über Anthropotechnik, Frankfurt/Main 2009.
Stiegler, Bernard: Die Logik der Sorge. Verlust der Aufklärung durch Technik und Medien, Frankfurt/Main 2008.
Stockmann, Reinhard: Was ist eine gute Evaluation?, Saarbrücken 2002.
Stolten, Inge: Elite. In: Jogschies, Rainer (Hg.): Aus dem neuen Wörterbuch des Unmenschen, Frankfurt/Main 1987.
Tiqqun: Kybernetik und Revolte, Berlin 2007.
Unsichtbares Komitee: Der kommende Aufstand, Hamburg 2010.
Tenorth, Elmar/Tippelt, Rudolf (Hg.): BELTZ Lexikon Pädagogik, Weinheim und Basel 2007.
Tocqueville, Alexis de: Über die Demokratie in Amerika, Stuttgart 1986.
Traue, Boris: Das Subjekt der Beratung. Zur Soziologie einer Psycho-Technik, Bielefeld 2010.

Van der Markt, Roswitha A.: Das Ich-will-mehr-Prinzip. Auf dem Weg zu einer neuen Leistungskultur, Wiesbaden 2012.

Weber, Gunthard (Hrsg.): Praxis der Organisationsaufstellungen. Grundlagen, Prinzipien, Anwendungsgebiete, Heidelberg 2001.

Weinert, Franz E.: Leistungsmessungen in Schulen, Weinheim und Basel 2001.

Weise, Carola: Hersteller- und Handelsmarken im Kaufentscheidungsprozess, Wiesbaden 2008.

Winkel, Georg: Die Frage nach Carlowitz' Erbe. Nachhaltige Waldpolitik in Deutschland. In: oekom e.V. – Verein für ökologische Kommunikation (Hg.): Wald. Politische Spielräume zwischen Baum und Borke, München 2013.

Wöhe, Günter/Döring, Ulrich: Einführung in die Allgemeine Betriebswirtschaftslehre, München 2010.

Bitte, beachten Sie auch die folgende Seite

Lieferbare Radius-Bücher. Eine Auswahl